MES COMBATS DE FEMME

SARAH OURAHMOUNE
avec Gaëlle Bantegnie

MES COMBATS DE FEMME

Robert Laffont

Direction éditoriale José Carlin Pérez

ISBN : 978-2-221-21769-6
Dépôt légal : avril 2019

À mes deux princesses, Ayna et Mya,
Pour tout le bonheur que vous m'apportez.
Tout sommet a un chemin, même la plus haute des montagnes.
Puissiez-vous trouver le vôtre.
À Francky, ma moitié,
Pour le bonheur dans lequel tu me plonges depuis tant d'années.

1

S'inventer une vie

Nunca desista, « Ne jamais abandonner ». Je me souviens d'avoir lu cette phrase le long de l'autoroute qui conduisait la délégation française de l'aéroport de Rio au village olympique. Ce tag, ces trois mots, ont une saveur particulière à cet instant précis. J'ai beaucoup donné pour être de ce voyage, mon dernier comme boxeuse. Alors je saisis tous les signes que la ville brésilienne a à m'offrir. Au milieu de l'excitation commune, et tandis que chacun dans cette navette vit son rêve olympique, mes pensées m'envoient irrémédiablement vers Clichy dans cet appartement où je m'imaginais déjà être une autre. Plus forte, plus grande.

Quand on part pour l'école avec Samir, quand on referme la porte du studio où nous avons passé la nuit avec nos parents et nos trois frères et sœurs, je lui dis : « Regarde, je sors de chez nous et je suis quelqu'un d'autre, j'ai une vie fabuleuse ! » Et mon grand frère me répond : « Tu racontes n'importe quoi. »

Je m'imagine une vie fabuleuse comme celle de mes copines de CE1 qui habitent de beaux appartements et s'habillent chez Jacadi. Je les trouve gentilles, elles m'invitent chez elles, on joue à la Barbie, je ne les jalouse pas. Ce genre de sentiment me déconcentre. La concentration, c'est comme un jeu. Comme la poésie de Jacques Prévert à apprendre par cœur, comme la table des additions. 8 + 9 = 17.

Ma mère est aide-soignante, elle travaille dans un hôpital, souvent de nuit. Mon père ferme son bar vers une heure du matin, je ne l'entends pas toujours rentrer. Il arrive que Nadia, ma petite sœur, ait mal au ventre, alors je m'occupe d'elle. Mais je connais ma poésie par cœur, et je me la récite sans faire de bruit à deux heures du matin s'il le faut. Je n'ai pas besoin de beaucoup de sommeil. 9 + 9 = 18.

Mes parents ne s'entendent pas, ils se sont déjà séparés. C'est peut-être parce qu'ils travaillent tout le temps. Le studio au-dessus du café-restaurant est vraiment trop petit pour nous tous. C'est ma mère qui a quitté mon père en nous emmenant avec elle. Mais comme elle ne parvenait plus à payer seule son loyer, nous, on est retournés vivre chez mon père sur les quais de Clichy.

Mon père n'est pas bavard. J'aimerais passer plus de temps avec lui, jouer au foot ou faire du vélo, mais il est toujours occupé. Lui, il nous dit qu'au moins on aura toujours de quoi manger dans la cuisine de son restaurant. Mais manger, est-ce suffisant ?

En France, ma mère n'est qu'aide-soignante tandis qu'en Algérie, à Oran, où elle a fait ses études, elle était infirmière. Elle n'a pas travaillé longtemps là-bas, deux ou trois mois peut-être. Un jour de 1978, elle est partie pour Paris, toute seule. À l'aéroport – était-ce à Roissy ou à Orly ? –, le douanier lui a demandé combien de temps elle envisageait de rester ; elle a répondu : « Vingt ans. » Elle voulait dire vingt jours. À 15 ans, par le car de cinq heures du matin, elle avait quitté une première fois son village natal, Hammam Bou Hadjar, sans prévenir ses parents. Seule sa grand-mère savait qui lui avait donné de l'argent et elle avait tenu sa langue. Elle ne se voyait pas du tout se marier avec « quelqu'un de bonne famille », faire plusieurs enfants, laver le linge, préparer à manger et ne jamais pouvoir sortir seule, même au bout de la rue qui porte toujours le nom de son oncle. Elle dit qu'elle ne voulait pas rester là-bas « à manger des pierres dans la cour » sans rien apprendre du tout. Le village était joli pourtant, entouré de rochers et de sources chaudes, mais non merci, elle voulait inventer sa vie.

Sans le dire à ses parents, elle passe le concours pour devenir gardienne de prison. Elle est reçue à l'écrit. Le problème est qu'elle ne peut se rendre à Alger pour passer l'oral : le train coûte trop cher. Alors, elle opte pour l'école d'infirmières d'Oran. Pendant ses trois ans d'études, elle vit chez sa tante qui accepte de l'héberger et elle ne retourne pas au village. On lui tirerait les cheveux, comme elle dit. Son père fait le voyage pour lui demander de rentrer à la maison. Il n'est pas du tout content, il a honte de sa fille, ça jase à Hammam Bou Hadjar : on dit d'elle que c'est une putain qui va leur ramener des bâtards. Mais ma mère tient ferme : « Non, je n'y retourne pas. Si tu veux m'aider tu me donnes un peu d'argent ou de la nourriture, mais moi, je reste à Oran. »

Cette ville la fascine. Petite, elle partait en visite chez les Muller, colons français qui employaient sa tante comme bonne à tout faire et qui avaient deux filles, Danielle et Marie-Claude, du même âge qu'elle. En 1962, comme tous les autres, ils sont partis et elle ne les a jamais revus. Elle m'a toujours soutenu que les Algériens avaient eu raison de se battre pour leur indépendance parce que les Français, qui s'étaient approprié toutes leurs terres, les traitaient comme des sous-hommes : ce n'était que des « indigènes » pour eux. Son oncle, celui qui a donné son nom à la rue où habitent toujours mes grands-parents, est mort pendant la guerre, il faisait partie du FLN.

D'un autre côté, Paris la fait rêver encore davantage. Elle est plus libre à Oran qu'au village, mais pas autant qu'en France, s'imagine-t-elle. Une fois diplômée, elle travaille quelque temps comme infirmière, cependant il lui est impossible de trouver un logement parce que les propriétaires ne louent pas aux femmes célibataires. Elle décide de quitter son pays. Après tout, son père a bien réussi à vivre quelques années en France alors qu'il était analphabète. Elle se débrouillera. Quand on a la volonté…

Pourquoi ma mère, contrairement à la plupart des filles de son âge, prend-elle la décision de partir ? Je n'ai pas vraiment d'explication. C'est sans doute qu'elle a une grande confiance dans ses capacités et qu'elle se sent aussi forte qu'un homme, alors pourquoi ne pas essayer ?

Elle obtient une autorisation de sortie du territoire d'un mois, prend contact avec un de ses oncles qui habite Paris. Il l'accueille deux, trois jours mais sa générosité s'arrête là. Elle se retrouve seule, sans papiers, sans argent, avec son petit sac de voyage. Elle a 21 ans. Elle travaille au noir comme serveuse dans des cafés. Au début, elle ne sait même pas servir une bière pression, n'a jamais entendu parler de Ricard ou de whisky. Dans sa famille, boire de l'alcool est un péché. Certaines nuits, elle ne sait pas où dormir, alors elle pousse la porte cochère d'un immeuble haussmannien, se faufile dans les escaliers obscurs et se recroqueville sur une marche pour dormir. Si elle a froid dans son manteau râpé, au moins elle se sent en sécurité. Pourtant, quand elle entend quelqu'un monter, elle a peur. Une nuit, c'est un vieil homme essoufflé qui la trouve là, endormie. Elle s'attend à être chassée, il lui propose une chambre de bonne inoccupée à l'étage au-dessus. Il n'y a ni eau ni électricité, seulement des bougies, mais elle est chez elle. Elle y demeure un bon moment.

Je me suis souvent demandé pourquoi ma mère n'était pas alors retournée en Algérie. Il est vrai que, sans papiers, il lui était impossible de rentrer dans son pays. Mais je crois qu'au fond, elle préférait l'âpreté des escaliers parisiens au manque de liberté. Et puis, il n'était même pas sûr qu'elle retrouve un poste d'infirmière à Oran alors qu'elle était partie sans même attendre d'être titularisée.

Un jour de 1979, elle apprend que le patron d'un café de Clichy recherche une serveuse. Elle se présente, est recrutée, et c'est ainsi qu'elle fait la connaissance de mon père qui vient de monter son affaire avec son frère. Lui a quitté sa Kabylie natale quelques années auparavant pour travailler comme ouvrier chez Renault. Il a rencontré moins de difficultés qu'elle. Moins isolé, il a rapidement trouvé un emploi.

Je ne suis jamais allée dans le village, non loin de Tizi Ouzou, où vivait ma famille paternelle. Je sais juste qu'elle possédait quelques moutons. Pendant près de quarante ans, mon père n'y retourne pas. Il ne veut pas fermer son café, ne prend jamais de vacances. Le matin, il se lève très tôt pour faire ses courses chez Metro et ne tire pas son rideau avant minuit. On le voit très peu. Il est analphabète mais fait sa comptabilité lui-même, conduit sa voiture sans se perdre : il a l'air de savoir déchiffrer les panneaux. Et puis, dans son bar, il trouve toujours quelqu'un pour lui lire discrètement les courriers de l'école si bien que personne ne remarque rien.

Mes parents ne se sont pas mariés civilement. Ils ont juste fait un mariage religieux devant un imam et des témoins. Ma mère a vécu en France clandestinement jusqu'en 1981, date à laquelle Mitterrand est arrivé au pouvoir et a massivement régularisé les travailleurs immigrés en situation illégale. Mais elle n'a jamais eu peur de la police : à l'époque, dit-elle, elle arrêtait moins qu'aujourd'hui.

Mon frère Samir naît en 1980 ; moi, je vois le jour deux ans plus tard. Je ne suis âgée que de quelques mois quand ma mère retourne en Algérie pour la première fois depuis son départ. Elle vient de s'installer dans un foyer suite à une première rupture avec mon père. Elle trouve un travail dans une maison de retraite. Elle démarre sa journée à quatre heures du matin si bien qu'elle n'a d'autre solution que de nous confier à sa famille. Je passe donc les deux premières années de ma vie dans le petit village thermal que ma mère a tout fait pour quitter.

Naturellement, je n'en ai aucun souvenir, même si c'est là-bas que je fais mes premiers pas et que j'apprends à parler. Quand ma mère revient nous chercher pour nous ramener en France, je parle l'arabe uniquement, mais très vite je l'oublie et le français devient ma langue.

C'est ma mère qui nous élève, mes cinq frères et sœurs et moi. Elle doit bien savoir qu'elle ne peut compter que sur elle, que les hommes de chez nous, comme elle le dit, ne s'occupent pas des enfants. Qu'en France, à la différence de ce qui se passerait si elle était dans son village, elle est obligée de se trouver un travail et n'a ni belle-mère ni belle-sœur pour l'aider.

Elle fait ce qu'elle peut. Elle cumule plusieurs emplois, travaille parfois jour et nuit pour subvenir à nos besoins. Elle tient à ce qu'on ait une bonne éducation, à ce qu'on fasse des activités sportives, même si tout cela doit encore lui compliquer la vie. Surtout, elle s'efforce de ne pas faire de différence entre ses filles et ses fils. Ne pas reproduire ce qui lui paraissait insupportable dans sa famille : que les garçons aient tout et les filles rien. Qu'ils aient le droit de faire des études, de travailler, alors que les femmes, non. Qu'ils aient le droit de bien manger, alors que les femmes se contentent des restes. Quand elle était petite, ma grand-mère lui disait : « Il ne faut pas jouer avec les garçons, ils vont te faire du mal. » Alors, elle ne jouait pas avec eux.

Elle ne commencera vraiment à découvrir les hommes qu'à l'école d'infirmières d'Oran, des hommes avec lesquels, pour la première fois, elle peut parler et qu'elle se surprend à trouver gentils.

Très tôt, je me dis : « Si tu veux une vie différente, il n'y a que l'école qui pourra t'aider. » C'est aussi le discours de ma mère, qui ne cesse de me répéter qu'il faut avoir de bonnes notes et qui ne trouve jamais mes résultats suffisamment satisfaisants, même si je suis toujours la première de ma classe. Mais elle n'a pas besoin de me le dire : sans argent, sans relations, sur quoi puis-je compter d'autre que sur mes propres forces ? Encore faut-il que j'en aie, ce qui ne se décrète pas. Pourquoi avais-je des facilités à l'école ? Pourquoi ne me suis-je pas effondrée alors que tout dans ma situation familiale aurait dû me conduire à m'épuiser ou à désespérer ? C'est que je dispose d'une bonne santé et de grandes capacités physiques, ce dont je ne m'enorgueillis pas puisque je n'y suis pour rien. J'ai aussi ce qu'on appelle du caractère, je ne veux pas qu'on me dise ce que j'ai à faire, je sais ce que je veux. Et d'abord, ne pas avoir la même vie que ma mère qui est à mes yeux un contre-modèle. À l'époque, je lui dis souvent : « Je ne veux pas faire comme toi, j'ai pas besoin de tes conseils, regarde le chemin que tu as pris ! » C'est violent, mais je n'ai pas de temps pour la compassion : je vis toute jeune dans l'urgence d'inventer ma vie. Je ne me rends pas compte que s'il y a bien une chose que je partage avec elle – dont je veux pourtant à tout prix me distinguer –, c'est cette folle détermination.

Le chemin qu'elle a parcouru, de son petit village d'Hammam Bou Hadjar jusqu'à Paris, est sans doute aussi exceptionnel que celui qui m'a menée de notre studio miteux jusqu'aux Jeux olympiques de Rio. Il est juste moins prestigieux : on ne remettra jamais de médaille à ma mère pour s'être battue comme elle l'a fait toute sa vie.

2
Le studio

En 1991, quand j'apprends que ma mère est de nouveau enceinte, je lui fais un scandale. J'ai tout juste 9 ans mais je la tance : « Tu ne te rends pas compte, on est déjà quatre enfants et on n'arrive pas à s'en sortir ! Tu as deux filles et deux garçons, tu veux quoi de plus ! » Il ne me vient pas à l'esprit de faire la leçon à mon père.

Nous vivons à six dans un vingt-cinq mètres carrés complètement pourri. Le soir, on dispose sur le sol les matelas qu'on a empilés dans un coin. Avec mes frères et sœurs, on tire au sort celui qui passera la nuit dans le couloir de l'entrée. C'est le pire endroit : quand mon père rentre dans la nuit, il réveille systématiquement celui ou celle qui couche là. Pour moi, le grand luxe, c'est un lit pliant rouge que j'ai dégoté je ne sais où. Le problème, c'est que je dors sous une fenêtre dont un des carreaux est cassé. J'essaie bien de le réparer avec du carton mais rien n'y fait : en hiver un courant d'air froid me glace le visage. Le seul avantage, c'est que je peux facilement réviser mes multiplications : sur la vitre embuée, je trace des chiffres et des croix qui dégoulinent sous mon index. Un jour, nous nous réveillons couverts de plaques rouges. Je découvre l'existence des puces de parquet. Quelques mois plus tard, comme prévu, mon petit frère Mourad voit le jour.

Aujourd'hui, à 83 ans, mon père vit toujours dans ce fameux studio où je n'ai pas mis les pieds depuis des années. Quand je passe le prendre pour déjeuner avec lui, je l'attends en bas de l'immeuble. Il m'a assuré qu'il y avait fait quelques travaux.

Je me suis souvent demandé pourquoi, dans cette situation matérielle si précaire, mes parents avaient fait autant d'enfants. Il faut croire qu'ils ont importé en France des éléments de leur culture que ma mère semblait pourtant réprouver. On ne se débarrasse pas facilement de ce qui est si profondément enraciné. Pas seulement par respect des traditions ou des préceptes religieux – l'avortement est interdit chez les musulmans, or ma mère est croyante –, mais de fait, quand on n'a presque rien – pas de famille, pas de capital, pas de relations –, avoir beaucoup d'enfants peut représenter une force.

Même si je peux aujourd'hui la comprendre, plus jeune je n'accepte pas du tout cette absence de lucidité. Je crois que je suis plus pragmatique que mes parents, qui sont davantage fatalistes. Très tôt, j'ai l'intuition que ma vie dépendra des choix que je ferai. Je suis bien placée pour savoir qu'on ne peut jamais tout maîtriser : le milieu où on voit le jour, le quartier ou le logement – plein de charme ou de puces ! – dans lequel on grandit. Mais ce qui est en mon pouvoir, je suis bien décidée à le contrôler. Je ne veux pas laisser les aléas de la vie décider à ma place. Et si je sais qu'il y aura toujours des juges ou des arbitres pour m'empêcher de devenir ce que je suis, mon désir l'emporte sur la résignation.

Nous vivons donc dans un studio insalubre, nos parents travaillent sans cesse et ne s'entendent pas, nous sommes souvent livrés à nous-mêmes. Un signalement à l'aide sociale à l'enfance finit par être fait. En 1992, Hedi, Nadia et Mourad, les plus jeunes de mes frères et sœurs, sont placés en famille d'accueil en Normandie tandis que Samir et moi poursuivons notre scolarité dans un établissement privé de Seine-et-Marne. Ma mère quitte définitivement mon père puis s'achète un pavillon à crédit de cinquante mètres carrés à Aubervilliers.

Nous partons de la maison le lundi matin et rentrons chez nous le vendredi en fin d'après-midi. Mon petit frère Mourad n'a que 1 an, il vit dans la même famille qu'Hedi qui en a 5. Ma sœur Nadia a moins de chance : elle se retrouve toute seule dans une autre famille alors qu'elle n'est âgée que de 4 ans. Être ainsi séparée du reste de la fratrie est une vraie douleur pour elle.

Au Paraclet, le collège où Samir et moi sommes désormais internes, je me sens très bien. Nous sommes logés dans un château, un vrai. C'est ma mère qui nous a trouvé cet établissement parce que la sixième que mon frère a effectuée à Clichy ne s'est pas bien déroulée. En début de troisième trimestre, elle lui dit : « Je te laisse une dernière chance », mais à la fin de l'année, comme elle n'est pas satisfaite de ses résultats, elle l'inscrit dans cet internat. Lui négocie : « D'accord, mais j'y vais avec Sarah. » On part ensemble.

Je suis une très bonne élève, j'adore l'école. Et puis l'internat a le mérite de régler nos problèmes de logement. J'ai mon lit à moi, aux côtés de mes camarades bien sûr – à 11 ans, de toute façon, je n'aimerais pas dormir seule –, et un espace personnel. Cette relative indépendance ne m'empêche pas de me faire des copines, au contraire. Il y a deux semaines, je participais au mariage de Christel Maurice, qui se trouvait dans ma classe à l'époque. L'internat, ça lie.

Pas de chance : alors que je suis en quatrième, le directeur est arrêté pour détournement de fonds et le collège ferme ses portes.

Ma mère – je n'en ai pas conscience alors – a des ambitions trop hautes par rapport à sa classe sociale et elle le paie très cher. Elle veut le meilleur pour ses enfants – les écoles privées des quartiers bourgeois, les cours particuliers d'allemand et de mathématiques, les activités sportives –, ce qui, financièrement, n'est pas tenable : elle finit toujours par s'endetter, si bien qu'on se retrouve dans des situations catastrophiques.

Notre scolarité doit bien coûter 10 % de son salaire à ma mère, qui gagne environ 9 000 francs (1 400 euros) par mois, mais pour elle, c'est une priorité. C'est déjà pour cette raison qu'à Clichy, où nous résidons un moment, elle nous inscrit dans une école catholique – où, pense-t-elle, l'éducation sera moins laxiste que dans le public – alors que nous sommes de confession musulmane. Cet aspect des choses ne la dérange pas dans la mesure où le catéchisme n'est pas obligatoire. J'y reste deux ans, en CP et CE1, puis comme elle n'arrive plus à suivre financièrement, nous retournons vivre chez mon père et, en 1990, nous intégrons une école publique de Clichy.

Quand je suis en CE2, il lui est impossible de régler la cantine. Alors qu'elle est au travail, toute la fratrie déjeune à l'appartement. Samir est l'aîné, mais je dois reconnaître que c'est moi qui joue le rôle de deuxième maman – ma mère a beau essayer de nous éduquer pareillement, mon frère et moi, on ne s'arrache pas si facilement à la sexuation des tâches –, et c'est hissée sur un tabouret que je cuisine des pâtes exagérément *al dente*.

Après la fermeture du Paraclet, je poursuis ma scolarité au collège d'Aubervilliers. Samir, quant à lui, repart dans un internat. Craignant qu'il ne décroche dans un établissement classique, l'aide sociale à l'enfance l'inscrit aux Orphelins apprentis d'Auteuil, un établissement tenu par des bonnes sœurs. Pour la première fois de notre vie, nous qui avons toujours tout fait ensemble, sommes séparés et je vis toute seule avec ma mère.

Cette situation ne dure guère : au bout de quelques mois ma mère rencontre un homme, un Marocain avec lequel je ne m'entends pas du tout. Il a son propre studio mais passe le plus clair de son temps chez nous, alors je l'évite.

En 1995, ma mère, qui a réussi à mettre un peu d'argent de côté, achète un pavillon beaucoup plus spacieux que le premier dans un autre quartier d'Aubervilliers. Je suis heureuse, je pense qu'on est sauvés, qu'on va récupérer les petits et revivre tous ensemble. Hélas, la justice en décide autrement.

Si je ne suis, moi, pas placée, je connais bien le tribunal de Bobigny, car moi aussi je suis « suivie » : deux fois par an, j'ai rendez-vous avec le juge des enfants. On me fait patienter des heures dans une salle d'attente minuscule, c'est interminable. Je n'en mène pas large bien sûr mais je ne me laisse pas impressionner. Je déclare au juge : « Je ne veux pas être placée, pourquoi voulez-vous me placer ? À l'école, ça se passe très bien, j'ai eu les félicitations du conseil de classe, vous n'avez pas vu mon dernier bulletin ? » Quand je commence la boxe en 1996, j'ai dans ma musette un argument supplémentaire. Je dis alors au juge : « D'accord, envoyez-moi en famille d'accueil, mais tous les soirs je veux poursuivre mes cours de boxe à la salle d'Aubervilliers. »

De toute façon, je suis déjà très indépendante, je l'ai toujours été. Je ne demande rien à ma mère mais je ne l'écoute pas non plus ; je ne fais pas de bêtises mais je lui réponds ; et comme je pense tout savoir, je ne veux surtout pas qu'elle me dise ce que j'ai à faire. Je suis solitaire aussi et, indéniablement, dans ma situation, ce trait de caractère est une force.

Je refuse catégoriquement de partir en famille d'accueil et rêve déjà d'avoir mon appartement à moi. Si je reste vivre avec ma mère et un beau-père que je déteste, c'est pour mes frères et sœurs. C'est pour eux que j'ai le sentiment de devoir conduire la barque. Le compagnon de ma mère ne travaille pas, il passe tout son temps chez nous à regarder la télévision par satellite ou à se faire de bons petits plats alors qu'elle s'épuise au travail. Ça me révolte de le voir tous les jours affalé sur le canapé au beau milieu de notre salon, les savates sur la table basse, alors que mes frères et sœurs sont tenus à l'écart, en famille d'accueil ou en internat. S'il était gentil encore, s'il nous apportait de l'aide, mais pas du tout. Ma mère est totalement à son service et absolument sous son emprise. Quand j'essaie de lui expliquer qu'il est en train de la tuer à petit feu, qu'elle ne devrait pas se laisser faire, qu'elle devrait le quitter, elle prend systématiquement son parti, si bien que nos rapports finissent par se tendre.

Je m'arrange pour être le moins possible à la maison. Je passe ma vie entre le lycée et la salle de boxe. J'y fais même mes devoirs. Vers 15 ans, je me trouve des petits boulots qui me permettent de gagner un peu d'argent et de m'échapper encore davantage du domicile : je fais de l'aide scolaire, je travaille sur les marchés. Le samedi matin, je vends des légumes, et l'après-midi, je fais le tour des épiceries pour liquider ce qui me reste. Le week-end, je retrouve mes frères et mes sœurs. Le dimanche, on passe l'après-midi chez mon père à Clichy, sauf Nadia, qui préfère rester avec ma mère.

Quand ma mère tombe enceinte de ma petite sœur Lydia, elle n'ose pas me le dire. Un jour, les urgences d'Aubervilliers m'appellent. Ils ont eu un mal fou à me joindre : il n'y a pas de téléphone portable à l'époque et je passe le plus clair de mon temps entre le lycée et la boxe. Ma mère s'est évanouie dans la rue, il faut que je vienne le plus rapidement possible. Je prépare les papiers qu'on me demande, fourre quelques effets dans un sac et saute dans un bus. À l'accueil, on m'oriente directement vers la maternité. J'indique qu'il doit y avoir une erreur, mais la secrétaire me certifie que ma mère vient d'accoucher, je n'y comprends plus rien.

Ce jour-là, mon cœur bat trop fort, je le sais, je le sens tandis que je monte au troisième étage. Quand les portes de l'ascenseur s'ouvrent, une infirmière m'identifie immédiatement. Le médecin m'apprend que l'enfant qui vient de naître n'a que 7 mois et demi. On ne m'autorise pas à voir ma mère. On m'explique qu'elle est trop épuisée pour une visite, je crois qu'en fait elle a honte et qu'elle craint ma réaction. Je suis sa fille aînée et je n'ai pas remarqué qu'elle était enceinte ; moi aussi j'ai honte.

À cette époque-là, au printemps 1997, ma mère travaille de jour et de nuit dans une clinique, elle a beaucoup maigri, son ventre n'a pas grossi et sa grossesse m'échappe complètement. Je suis quelque peu surprise quand Nadia, qui a 9 ans, me raconte être allée chez le médecin avec elle et avoir croisé beaucoup de femmes enceintes dans la salle d'attente, mais je ne prête pas une grande attention à cette histoire.

Deux jours plus tard, je retourne à l'hôpital. Ma mère accepte alors de me voir ; elle est à bout de forces, je me rends compte qu'elle a vraiment failli mourir. On parle très peu, je fais comme si de rien n'était, je l'aide à s'occuper du bébé, qui est en vie et c'est ce qui importe.

Ma petite sœur est transférée à la clinique des Lilas jusqu'à ses 3 mois et demi. Ma mère va la voir tous les jours ; souvent, je l'accompagne jusqu'à la maternité dans le service des grands prématurés.

Aujourd'hui, Lydia est pleine de vie, mais à l'époque, elle n'était qu'une frêle petite chose qui tenait au creux d'une main.

Peu de temps après, une assistante sociale m'explique qu'il vaudrait mieux que je quitte la maison, qu'au vu de la violence des rapports que j'entretiens avec mon beau-père, un placement serait préférable. Je ne m'attendais pas du tout à cela, je suis à la fois très en colère et complètement perdue. Dans mon esprit, ce n'est pas à moi de partir, mais bien à cet homme. J'avance que mes résultats scolaires et sportifs sont excellents. On me laisse une nouvelle fois tranquille.

Le moins qu'on puisse dire, c'est que le père de Lydia n'est pas d'un grand soutien durant cette période. C'est surtout ma mère et moi qui nous occupons du bébé. Les relations se sont à ce point dégradées entre lui et moi qu'un jour je ramène le chien de mon père à la maison afin qu'il monte la garde et l'empêche d'entrer. Le « toutou » se trouve être un berger allemand très bien dressé. Posté derrière le portail du jardinet, il guette l'intrus sans manquer de lui aboyer dessus. Pendant une semaine, je suis tranquille. Mais ma mère me menaçant d'appeler la SPA, je restitue le gardien poilu à son propriétaire.

3

D'autres sports et puis la boxe

J'ai toujours été sportive. À l'âge de 2 ans, je débute le baby-judo avec Samir. Ma mère en profite pour se mettre au karaté dans le même dojo que nous, ce qui n'est pas banal pour une femme de son âge et d'origine algérienne de surcroît. Il faut croire qu'elle a de l'énergie à revendre et que les activités réputées masculines l'attirent. Le club du quartier propose des cours pour femmes et enfants, ce qui lui facilite les choses, mais il faut dire qu'elle a toujours aimé les arts martiaux. C'est une grande fan de Jackie Chan. Avant l'apparition du magnétoscope, elle nous emmenait dans un cinéma de Barbès qui programmait des films de kung-fu pour quelques francs. Je ne dirais pas que ce genre de cinéma a joué dans ma vocation mais ce qui est sûr, c'est que cet incroyable acteur m'a marquée pour toujours.

Pendant des années, je pratique les mêmes activités sportives que mon frère, on se rend aux cours ensemble, c'est plus commode. Nous testons ainsi la natation, la gym et la danse classique sans grande conviction.

Ma mère refuse de faire des différences entre ses filles et ses garçons. Nous enfilons donc tous des chaussons de danse au même titre que nous passons tous le balai ou portons tous les courses.

Au bout de huit ans, j'en ai assez du judo, je me débrouille pas mal mais je ne suis pas passionnée. Je décide de me mettre au taekwondo. Je me suis bien renseignée sur ce sport dans des magazines que j'ai consultés à la bibliothèque de la ville, je le trouve très complet : à la fois technique et gracieux. Par ailleurs, sa dimension mentale et spirituelle me séduit et j'ai bien envie de travailler ma concentration. Mon frère, lui, souhaite s'initier à la boxe thaïe. Lors de la première séance, il se fait voler toutes ses affaires dans les vestiaires ; il rentre pieds nus et en short à la maison puis arrête le sport définitivement. Dès lors, il se consacrera exclusivement aux échecs.

Je ne me suis pas trompée : j'aime immédiatement le taekwondo. J'apprends très vite, j'adore travailler les différentes techniques, les répéter inlassablement pour essayer d'atteindre la perfection ; j'ai bien l'impression que dans la pratique sportive comme dans beaucoup d'autres domaines, on a toujours des choses à améliorer. Pendant des années, je suis inscrite dans un club à Clichy puis, en 1996, quand je m'installe à Aubervilliers, j'en cherche un nouveau. À la rentrée de septembre, je consulte le guide des sports de la ville, l'adresse d'un gymnase y est mentionnée. Je m'y rends mais l'édifice a brûlé accidentellement le mois précédent et tous les cours sont annulés.

Juste à côté du complexe sportif parti en fumée se trouve une salle de boxe. C'est un bâtiment en brique à la toiture en dents de scie qui ne ressemble en rien à une installation sportive. J'apprendrai bien plus tard que c'est un ancien atelier qui fabriquait des moteurs d'avion pendant la Seconde Guerre mondiale. La porte, qui donne directement sur la rue, est grande ouverte. Un homme en survêtement m'invite à entrer. Je me retrouve au sommet d'un escalier en ferraille qui domine une salle immense. En son centre trônent deux rings bleus cernés de dizaines de sacs de frappe qui me font un effet certain. J'explique à l'entraîneur que je cherchais à faire du taekwondo mais que je peux éventuellement me rabattre sur de la boxe pieds-poings s'il propose des cours. Il me dit : « Non, ici on ne fait que de la boxe anglaise, le *noble art*, la boxe avec les poings uniquement, celle de Marcel Cerdan, Mohamed Ali ou encore Tyson. Ça t'intéresse ? » Je lui réponds : « Non, merci, ce n'est pas ce que je recherche. »

En fait, à 14 ans, je n'ai pas conscience que la boxe anglaise est un vrai sport et je trouve ridicule de mettre des coups de poing dans la tête de quelqu'un. Surtout, je juge que cette discipline n'est pas assez complète pour me permettre de me défendre. J'ai l'intuition que ma vie sera dure – elle l'est déjà –, alors mieux vaut s'armer. Boxer exclusivement avec les poings en laissant ses pieds de côté, c'est s'amputer.

Je n'ai jamais été menacée physiquement mais j'ai besoin de me sentir forte. En particulier quand j'emménage à Aubervilliers. Je n'aime pas cette ville, je la trouve triste et souvent j'ai peur. Il y a des agressions, des vols. J'ai peur d'être agressée ou violée. Plusieurs de mes copines ont subi des viols ou des attouchements sexuels. Ça me terrifie. D'ailleurs, au collège, une affiche placardée dans l'entrée annonce : « 1 fille sur 3 et 1 garçon sur 5 seront abusés avant l'âge de 18 ans. » Je prends beaucoup les transports en commun, notamment le RER à l'époque où je suis collégienne en Seine-et-Marne et, quand j'arrive à la gare du Nord, je ne suis pas rassurée. Il faut dire que je suis jeune quand je commence à me déplacer seule, pas plus de 11 ou 12 ans.

Et puis, me sentir endurante et musclée est aussi important pour moi que d'être capable de rester concentrée ou de faire des choix. À tel point qu'à chaque fois que je dois arrêter le sport, je me sens très vulnérable. Malgré mon mètre cinquante-sept, je ne me considère jamais comme une petite chose en attente de protection. Je ne peux compter que sur moi. Je ne sais pas si les sports de combat pourront m'aider à me défendre, mais j'y gagnerai en confiance. Et puis, il se trouve que je dispose d'un corps, alors je le façonne.

Mais, en cherchant à pratiquer un sport de combat, je n'ai pas pour seule motivation de savoir me défendre – sinon je pourrais opter pour le self-défense, comme ma mère une fois retraitée. C'est qu'au-delà du désir de me sentir puissante, j'ai aussi une véritable attirance pour la dimension ludique et stratégique de la confrontation.

Je me souviens quand même avoir été menacée physiquement. Je dois avoir 20 ans, c'est un dimanche matin très tôt, je prépare mon étal pour vendre mes légumes au marché des Quatre Chemins quand je m'aperçois que je n'ai pas de monnaie. Je me mets à la recherche d'un cafetier susceptible de m'en faire. J'arrive dans une rue déserte rétrécie dans sa largeur par des travaux. Un homme s'y engage aussi, il s'approche de moi et m'attrape subitement les poignets. Je cherche à dégager mes mains en les tirant vers moi mais je réalise que je me fatigue et que lui garde sa prise ferme. Alors je me souviens de ce que disait mon professeur de taekwondo : il ne faut jamais tirer, il faut aller vers son adversaire et chercher l'ouverture de ses mains. Je reprends confiance, réussis à me défaire de son emprise et me mets à crier en montrant mon poing. L'homme me lâche en hurlant : « Elle est complètement folle celle-là ! » Et je pense : « Il est complètement fou celui-là ! » Heureusement, je cours vite, je retourne à mes légumes en moins de trente secondes chrono en oubliant ma monnaie.

Le lendemain de ma première visite, n'ayant trouvé aucun club de taekwondo dans tout Aubervilliers, je retourne à la salle (qui ne s'appelle pas encore *Boxing Beats*) parce que l'entraîneur m'a tout de même proposé de tenter une séance d'essai. Il fait encore chaud, une de ces belles journées de septembre qui laissent penser que l'automne n'arrivera jamais. Le lieu est toujours aussi impressionnant. Il n'a pourtant alors pas été redécoré : le sol est en ciment brut et les murs en parpaing. Des années plus tard, Baye-Dam Cissé, un boxeur également doué en dessin, y peindra des fresques magnifiques dont un portrait de Saïd, le jeune homme à qui j'ai parlé le jour précédent et qui nous entraîne ce soir-là.

Quelques garçons se trouvent présents, prêts pour l'échauffement. J'en reconnais quelques-uns que j'ai croisés au collège. Quand tout le monde est rassemblé et que la quinzaine de jeunes s'aligne devant Saïd, je m'aperçois que je suis la seule fille, ce qui semble ne déranger personne – ni eux ni moi. Je n'ai jamais pensé que certains sports étaient réservés aux femmes et d'autres aux hommes. J'ai toujours joué au foot au pied des immeubles où j'ai vécu et je ne me contentais pas de garder les buts. Alors, quand notre coach allume la radio posée contre le mur, je me mets à courir au même rythme que mes camarades.

On ne fait quasiment pas de renforcement musculaire, pas de corde à sauter et encore moins de pompes, ces exercices viendront plus tard et j'y prendrai un grand plaisir, mais pour ce premier cours, Saïd entend nous mettre en appétit, pas nous épuiser.

Je ne me souviens plus de la séance en détail mais j'imagine qu'elle est ludique. Qu'on se met deux par deux, qu'on essaie de toucher sans se faire toucher, que déjà il s'agit d'être mobile, rapide, d'apprendre à cadrer, de savoir se déplacer, d'esquiver – une sorte d'esquisse joyeuse et légère de gestes que je perfectionnerai par la suite en les répétant des milliers de fois jusqu'à acquérir des automatismes : jusqu'à ce qu'ils se passent de moi.

Mais ce soir-là, je suis encore presque une enfant, alors je joue. Avec des pinces à linge accrochées à mon T-shirt que mon partenaire cherche à attraper en riant, avec des balles de tennis que je fais rebondir comme une basketteuse ou un cerceau dans lequel je m'amuse à maîtriser mes placements de jambes. Je ne m'imagine pas monter sur un ring ni faire des compétitions, je ne m'imagine rien, je sens juste une immédiate adéquation entre les mouvements qu'on attend de moi et ce que peut mon corps : le plaisir commence là.

Sans plus aucune hésitation, je m'inscris aux entraînements de boxe éducative du mercredi et du samedi et très vite ce sport devient une obsession. Dès que je termine une séance, je suis tellement pressée d'être à la suivante qu'au bout de quelques semaines, je demande à Saïd si je peux aussi venir les autres jours : aux cours adultes. Il n'est pas obligé, pourtant il accepte, si bien que les lundis, mardis, jeudis et vendredis soir, je suis et la seule fille et la plus jeune du groupe.

4

Hop, hop, hop !

Dix minutes avant la fin du cours d'anglais, je glisse discrètement mon classeur et ma trousse dans mon sac. Quand la sonnerie retentit, je bondis de la salle de classe puis cours trente minutes sans m'arrêter jusqu'au 41, rue Lecuyer.

Je porte des baskets sans marque, un bas de survêtement et un T-shirt très ample qui me descend jusqu'en bas des fesses. Devant l'épaisse porte en métal, j'extrais un élastique de ma poche, je tire-bouchonne mes cheveux et les attache à la va-vite. Je ne stationne pas sur le palier mais je me rue, tête baissée, dans l'escalier de peur de me faire remarquer alors qu'on ne voit que moi qui ne suis ni un adulte ni un homme.

Je suis en retard, il m'est difficile de me frayer un chemin parmi la cinquantaine d'individus qui s'entraînent. Chacun s'est trouvé une place, sachant bien ce qu'il a à faire, des amateurs pour la plupart mais aussi des professionnels qui préparent de vrais combats. Je manque de piétiner les doigts de ceux qui font des séries de pompes ou d'abdominaux sur des tapis de sol. La radio couvre à peine leurs inspirations et leurs expirations. Je slalome entre les sacs que d'autres boxeurs percutent avec précision dans un bruit mat. Ils transpirent tellement que des petites flaques se forment sur le sol cimenté. Concentrés sur leurs efforts, ils ne se parlent pas. Il y en a aussi sur les rings qui boxent deux par deux, aiguillés par Saïd qui me fait un petit signe de la main.

Quand je frôle un groupe de sauteurs à la corde, ils me dévisagent comme si j'étais une petite fille égarée qui s'est trompée d'adresse et ferait bien de regagner son cours de gymnastique ou de danse. Mais je ne m'en vais pas, j'enfile de vieux gants mis à disposition par le club qui sont trop grands pour moi et encore humides. Je me faufile comme je peux entre les corps musclés et me trouve un petit coin pour m'échauffer. Je sautille puis tente de faire du *shadow*. Je balance des coups et bouge mon buste comme Saïd me l'a enseigné. Je joue un peu des coudes parce que personne ne va me prendre par la main pour me dire : « Viens, petite, monte sur le ring, travaille ton direct », ceux qui ont des dates de combat étant prioritaires. Ensuite, dissimulée derrière une pile de pneus suspendus à un support autoportant, j'essaie d'imiter un gars en survêtement noir qui s'en prend à un petit sac en forme de poire accroché à un rivet en alternant uppercuts et petits crochets.

À la fin de la séance, tout le monde est parti, sauf moi. J'intercepte Saïd avant qu'il ne ferme la salle.

— Est-ce que tu pourrais me prendre en leçon demain ?

— Demain ça va pas être possible, j'ai des gars qui boxent ce week-end, il faut que je m'occupe d'eux. Mais je peux maintenant.

— Super ! Merci, Saïd !

C'est la première fois que je monte sur le ring. L'instant est solennel, j'ai une petite hésitation. Saïd enfile non pas des gants mais des pattes d'ours en cuir rembourrées de mousse. Je passe les cordes souplement, me poste face à lui, menton rentré, genoux semi-fléchis, prête à frapper même si c'est un peu prématuré puisqu'il entame la leçon par quelques explications :

— Bon, on va commencer simple, par le direct du bras avant. C'est vraiment le coup basique en boxe, Sarah, celui qui te permet de préparer les attaques, de gérer la distance avec ton adversaire.

Bras droit replié le long des côtes, gant sur l'angle mandibulaire (qu'on se touche parfois en cas de fatigue ou de découragement quand, coudes sur une table ou autre support, on incline la tête en la posant sur son poing), et hop, détente rapide du bras gauche !

Saïd réceptionne mon poing gauche qui rebondit dans sa patte d'ours.

Et on alterne.

Bras gauche replié le long des côtes, gant sur l'angle mandibulaire et hop, détente rapide du bras droit !

Saïd réceptionne mon poing droit qui rebondit bien.

Je réussis ce premier exercice, qu'il me faudra répéter des milliers de fois, à la leçon ou au sac, pour que mon geste devienne à peu près correct. Said semble content.

— C'est très bien, Sarah. Allez, *jab, jab*... On essaie sur deux directs maintenant ? Tu allonges bien tes bras et tu n'oublies pas de te protéger. Les mains partent des pommettes et reviennent aux pommettes !

Je m'exécute. Je me sens mal sur mes jambes. Mes déplacements sont lourds. J'essaie d'appliquer les directives de Saïd. Il faut tout gérer : monter ses mains pour se protéger, allonger son direct, visser son poing, être précis et mobile. C'est passionnant. Je veux tellement progresser et maîtriser l'art de la boxe que je ne sens même pas la fatigue. Je n'imaginais pas qu'il fallait autant se concentrer pour donner un bon coup.

— C'est bien, mais fais attention à ne pas trop te pencher en avant. Tu as tendance à tomber sur tes coups.

Je me redresse.

— Regard, Sarah, j'te montre.

Jambes écartées, souple sur les genoux, Saïd se met en position.

— Si tu restes toujours sur ta jambe avant, tu vas pas pouvoir bouger facilement et tu vas être beaucoup plus exposée à une contre-attaque de l'adversaire.

Et il m'invite à observer son centre de gravité.

— Il faut penser à bien gérer ton centre de gravité, toujours respecter cette ligne imaginaire.

D'un geste ample de la main, Saïd trace dans le vide la ligne imaginaire.

— Tu restes bien équilibrée et même si possible un peu plus sur la jambe arrière pour avoir le buste un peu plus éloigné de l'adversaire, et là tu peux tendre le bras et tu perds pas du tout en allonge, tu vois ?

— Oui, oui, je vois.

— Bien sûr, quand tu vas envoyer ton bras arrière, tu vas le tendre au maximum. Ton épaule droite passe devant. Baisse bien la tête. Il faut que tu utilises tout ton corps pour être efficace. La force vient des jambes et pas seulement des bras. Tu dois faire pivoter ton bassin, ton genou et ton pied. Un peu comme si tu écrasais un mégot de cigarette. Tu essaies ?

Je mets un peu de poids de corps sur ma jambe, j'envoie et hop, je reviens en position rapidement.

— C'est bien, Sarah, c'est bien !

Je ne montre pas que je suis contente.

— Maintenant, plus compliqué : on va partir sur un enchaînement. Tu vas me faire deux directs, gauche, droite, et tu te déplaces. Tu ne restes pas dans l'axe. Tu frappes et tu pars ! C'est bon pour toi ?

— Heu, tu peux me montrer d'abord ?

Saïd exécute les mouvements que je mémorise aussitôt.

— On est partis, Sarah ?

— Oui, je crois que c'est bon.

J'enchaîne les gestes, encouragée par mon coach.

— Là, là, OK, gauche, droite et tu bouges, très bien ! Plus secs les directs ! Encore une fois.

On reprend.

— Lentement, plus lentement, ne te précipite pas, Sarah !

Il commence à faire froid dans la grande salle, je n'y prête pas attention, toute à mon plaisir d'entendre résonner mes coups dans les pattes et de suivre les précieux conseils de Saïd. Et même s'il n'y a aucun enjeu, s'il ne s'agit que d'un exercice accompli au ralenti, je le prends très au sérieux. J'ai remarqué, à force de les observer, que les boxeurs sont humbles. C'est qu'ils savent mieux que quiconque – s'entraînant tous les jours – à quel point il est difficile de parfaire ses gestes.

— Allez, Sarah ! Derrière les deux directs, tu vas faire deux esquives latérales. Attention, à chaque esquive tu gardes tes mains bien hautes et surtout tu ne me lâches pas du regard. C'est clair ?

— Oui, oui, j'ai compris.

On reprend.

— Plus souple, plus souple, on se met bien sur les jambes. Sur ce genre d'exercice, tu ne travailles pas la puissance mais la précision et la vitesse.

On reprend.

— Encore ! Ce qui compte c'est la répétition afin d'avoir des automatismes.

Je n'ai que 14 ans mais si tu savais, Saïd, comme je comprends cela, la répétition ! À l'école, au sport, à la maison, je ne fais que répéter, répéter, répéter. Ma mère me dit toujours : « C'est marche ou crève ! » C'est sa phrase pour partir au combat. Au combat du quotidien.

— Allez, Sarah, encore !

Je n'aurai pas peur de répéter l'exercice mille fois s'il le faut ; ce qui me terrorise, au contraire, c'est de m'arrêter, de me poser sur un banc et de contempler le ciel même s'il est bleu. Il faut que je sente la souffrance, Saïd, la souffrance physique et mentale qui valide le travail, qui signale comme un clignotant interne que celui-ci est bien fait, sinon comment savoir, comment être sûre qu'il n'est pas bâclé, que les efforts n'ont pas servi à rien ? Et si mes efforts ne servent à rien, si vraiment le travail est bâclé, tu ne sais pas quel risque je cours, Saïd ? Tu ne sais pas le grand danger ? Marche ou crève. C'est ma vie que je risque.

— Toujours plus vite, Sarah, toujours en train de désaxer pour rendre la cible plus difficile à l'adversaire. Essuie-glace, essuie-glace !

Je fais l'essuie-glace avec le torse pour me rendre intouchable.

— Et maintenant, plus compliqué, toujours le même enchaînement mais je te dis pas quand je pars, OK ? C'est à toi d'anticiper, tu ne me quittes jamais des yeux, jamais, OK ?

Je fixe ses yeux noirs, les torsions de sa bouche, les signes infimes qui préfigurent ses coups. Avec le temps, j'apprendrai à déceler chez l'adversaire le geste annonciateur du coup. Comme une bête aux aguets, j'affûterai mes pouvoirs de divination.

— Hop, hop, hop, attention, Sarah, tu n'as pas anticipé là, je t'ai touchée !

Gants sur les joues, jambes en mouvement, tronc mobile, je ne sais pas quand le coup va partir. Réagir : ni trop tôt ni trop tard.

— Hop, hop !

Deux directs du bras avant : deux esquives latérales.

— Hop, hop, hop !

Et trois directs dans les pattes d'ours de Saïd.

— C'est bien, Sarah ! On continue.

Dans le feu de l'action, on n'entend pas la porte d'entrée s'ouvrir. On ne remarque pas qu'à pas feutrés quelqu'un s'approche du ring. Pendant une demi-seconde, je ne comprends pas pourquoi Saïd reste immobile en baissant sa garde. Et quand je me retourne, je ne suis pas sûre de saisir immédiatement que la petite dame qui se tient devant moi de l'autre côté du cordage et qui d'une voix douce et déterminée m'interpelle est ma mère :

— Sarah, qu'est-ce que tu fais encore là ? Il faut rentrer maintenant.

Saïd a la présence d'esprit de retirer ses pattes d'ours avant de lui serrer la main.

— Bonjour, monsieur, je suis désolée, mais Sarah, il faut qu'elle rentre à la maison maintenant.

— Oui, bien sûr, madame, on avait fini de toute façon.

Je repasse sous les cordes du ring en m'essuyant le front avec la manche de mon T-shirt, je n'ai pas de serviette.

— Mais, maman, je t'avais dit que je resterais tard !

Depuis que j'ai commencé la boxe, il y a quelques mois, ma mère a peur. Tous les soirs, elle s'attend à ce que je rentre à la maison le visage en sang.

— Sarah, tu es toute rouge, tu vas te faire du mal, tu vas te défigurer !

Et voilà le refrain de ma mère.

— Sarah, faut arrêter la boxe maintenant, tu vas te casser le nez !

Il faut dire que sa seule référence en boxe est Rocky.

— Monsieur, il faut lui dire, c'est pas bon pour elle, elle va se faire du mal.

— Mais regardez, madame, moi je suis boxeur et vous voyez, j'ai pas le nez cassé.

— Ben oui, tu vois bien, maman, il te ment pas.

— Oui mais quand même, Sarah, c'est dangereux.

— Mais, maman, Saïd, il a fait les Jeux olympiques et tu vois, il a même pas les arcades abîmées.

Saïd se penche et, d'un geste de l'index, révèle à ma mère des sourcils parfaitement dessinés.

— Ah oui, vous avez des jolis yeux, mais quand même, pour Sarah c'est pas pareil, elle est jeune, il faut lui dire d'arrêter.

— Enfin, maman, tu dis ça alors que toi, tu as fait du karaté !

— Oui mais le karaté, c'est un art martial, y a pas de sang.

— Désolé de vous contredire, madame, mais je connais pas mal de karatékas, je suis allé sur des compétitions, et je peux vous dire qu'il y a plus de blessures et de K-O en karaté qu'en boxe parce qu'ils ont de tout petits gants, et en plus ils frappent au visage presque à poings nus.

Saïd finira par bien connaître ma mère, mais présentement, il ne sait pas encore à quel point elle est tenace.

— Je suis pas d'accord, monsieur, moi j'ai fait du karaté et je me suis jamais fait mal.

— Madame, je vous assure qu'avec les adolescents, on se concentre surtout sur des jeux tactiques, c'est de la boxe éducative. Les coups ne sont pas appuyés.

— Oui mais je vois bien quand même, Sarah, elle est toute rouge !

Je peux être tenace moi aussi.

— Quand je faisais du taekwondo j'étais rouge aussi. Et de toute façon, j'arrêterai jamais la boxe !

Je sais aussi ma mère capable de botter en touche…

— C'est vrai ça, monsieur, que vous avez fait les Jeux olympiques ?

— Oui, oui, c'est vrai, les Jeux de Barcelone.

— Tu te souviens, Sarah, qu'on les a regardés ensemble ?

— Oui, bien sûr que je m'en souviens.

… et de revenir à la charge quand personne ne s'y attend.

— Vous savez, ma fille, elle a fait huit ans de judo.

— Oui, Sarah m'a dit ça.

— Elle va reprendre le judo, c'est moins dangereux, le judo.

5

La Nuit des Amazones

La salle municipale où je m'entraîne tous les soirs n'est pas encore très connue. La plupart des boxeurs viennent d'Aubervilliers. C'était déjà le club de Saïd Bennajem quand il était adolescent. Après une carrière de boxeur amateur, qui le mène jusqu'en huitièmes de finale des Jeux olympiques de Barcelone, puis de boxeur professionnel, il passe un brevet d'éducateur sportif et devient coach de boxe anglaise dans le lieu même où il a été formé.

Dès 1993, il monte une section de boxe éducative et se prend de passion pour l'enseignement de ce sport auprès des jeunes. C'est un des seuls entraîneurs en France à accepter une fille dans sa salle. La très grande majorité des boxeurs considèrent que leur discipline doit demeurer exclusivement masculine ; pour Saïd, si les hommes font du patinage artistique, alors pourquoi une femme ne ferait-elle pas de la boxe ? Auprès des membres du club qui, au début, voient d'un mauvais œil que je sois là, Saïd me défend toujours.

À force de me voir tous les jours, ceux-ci finissent par s'habituer à moi et par m'accepter. Ils se rendent bien compte que je donne le maximum pour tenir durant les entraînements et que lorsque c'est difficile, je serre les dents : je ne lâche rien, je veux leur montrer que je ne suis pas là pour m'amuser, que moi aussi je souhaite apprendre à bien boxer. Certains sont sympas, ils me montrent un truc, une technique, et progressivement j'ose les solliciter directement, alors ils prennent dix ou quinze minutes en fin de séance pour me donner des conseils.

Je ne sais pas s'ils remarquent que je les observe, à quel point j'admire leur sérieux, leur sens de la rigueur et de la discipline. Je ne sais pas s'ils se rendent compte de l'influence qu'ils exercent sur moi, surtout ceux que je vois s'affûter pour aller au combat ou en revenir hyper fiers. Ils m'impressionnent et j'ai envie de faire comme eux, d'éprouver moi aussi ce qui se passe sur le ring, parce que quand je les entends en parler de retour d'un week-end de compétition, ce qu'ils ont vécu a l'air tellement merveilleux. Moi aussi j'aimerais bien ressentir tout cela, avoir cette peur au ventre et en même temps le courage de monter sur le ring, de passer les cordes et d'aller au charbon.

Je ne cherche pas à leur ressembler parce que ce sont des hommes. Je veux juste faire comme eux : combattre ! Combattre avec mes qualités de femme : l'empathie, l'intuition et la finesse des gestes. Et pendant toute cette première année, Saïd m'encourage, il me dit que je progresse très vite, que je peux aller loin. Moi, je veux bien, je ne demande qu'à progresser, progresser, mais je sais aussi que je n'irai jamais très loin puisqu'en France les combats officiels de boxe anglaise ne sont pas encore autorisés aux femmes. Dans certains pays comme le Luxembourg, les États-Unis ou l'Allemagne, elles peuvent au moins faire des combats en boxe professionnelle. Mais, chez nous, la Fédération française de boxe, qui est exclusivement dirigée par des hommes, s'oppose à ce que nous fassions de la compétition. Au demeurant, je ne me pose pas trop de questions car ce qui me plaît, c'est surtout d'aller à la salle tous les soirs directement après les cours, d'y faire mes devoirs puis de m'entraîner.

C'est une femme, grande, toute maigre, les cheveux très courts, je la vois qui frappe comme une malade sur le sac jaune, le vieux sac de sable percé, il y a un tout petit trou dedans et elle tape tellement fort que le sable s'écoule et qu'à force, un petit monticule se forme à ses pieds. Marie Rangeur[1] est française et boxeuse professionnelle licenciée en Allemagne. Elle partage sa vie entre les deux pays et passe de temps en temps dans notre club pour s'entraîner. Au début, elle m'impressionne beaucoup, elle est beaucoup plus âgée que moi, plus expérimentée aussi. Il faut dire que je n'ai jamais eu l'occasion de voir une femme boxer à ce niveau. Les seuls boxeurs connus auxquels je peux vraiment m'identifier sont des hommes. Un ami me prête parfois des cassettes de combats qu'il a filmés avec son caméscope. Je passe ainsi des heures à regarder Jean-Baptiste Mendy ou Norbert Ekassi, ces champions des années 1990, pour analyser le moindre de leurs mouvements.

Quand Marie met les gants avec les hommes, elle crie, elle se prend des coups et en donne. Quand elle sort du ring, je me dis : « Waouh, elle ne se laisse pas

1. Le nom a été changé.

impressionner ! » Ce qu'elle me raconte de ses combats en Allemagne me fait vraiment rêver. Elle me parle notamment de la Nuit des Amazones, un gala exclusivement dédié à la boxe féminine. Je n'imaginais même pas que ça pouvait exister ! Elle m'explique qu'elle a même côtoyé Regina Halmich, une boxeuse très célèbre dont j'ai vu la photo dans des magazines spécialisés. C'est une Allemande, championne du monde de boxe professionnelle, une véritable star, qui pèse 54 kilos, comme moi. Ce n'est pourtant pas un modèle : elle est aussi connue pour ses photos dénudées… De toute façon, moi, je n'ai pas de modèle féminin. Sur les murs de ma chambre, il y a des reproductions de toiles de Manet et des posters de chevaux, pas de chanteuse ou d'actrice. Ce qui m'intéresse surtout, c'est de voir comment une boxeuse comme Regina Halmich peut susciter l'intérêt en tant qu'athlète et faire venir du monde à ses combats.

Elle a bien compris que pour exister médiatiquement, mettre en avant ses atouts féminins pouvait être un avantage. Les sportives seraient donc condamnées à vanter leur féminité pour être visibles ? Comment une femme qui a su d'une part transgresser certaines barrières en montant sur un ring peut-elle d'autre part renforcer les stéréotypes sexistes attachés aux femmes ? Certes, elle doit gagner de l'argent, mais c'est à toutes les sportives qu'elle fait du mal.

Quelque temps après son arrivée, Saïd propose à Marie de m'entraîner. Il doit penser que c'est bien d'avoir une femme comme coach, que ce sera plus facile pour aborder des sujets comme la perte de poids ou les règles. C'est vrai que je ne me sens pas à l'aise pour parler de cela avec Saïd. Parfois, j'arrive à l'entraînement et je suis mal. J'ai le bas du ventre gonflé et envie de vomir. J'essaie de lui faire comprendre que ce n'est pas le bon jour pour monter sur le ring et risquer de prendre des coups. Mais il va falloir que je gère ça. Je ne peux pas sécher les entraînements deux ou trois fois par mois sans explication. Donc Marie s'occupe de moi, et ça se passe très mal. Elle a une vision particulière de la boxe : il faut souffrir et tout faire en force.

Elle me dit toujours : « Sarah, la leçon, c'est que du flan ! Ça sert à rien d'entendre claquer les poings sur les palettes, la vérité c'est sur le ring ! » Avec elle, il faut mettre les gants tous les jours et prendre des coups pour s'endurcir. Souvent elle hurle : « Sarah ! Sarah ! Mais qu'est-ce que tu fous, boxe ! » Quand je ralentis la cadence, elle m'insulte et je trébuche. Elle me crie : « Il faut avoir mal, si t'as pas mal, c'est pas bon ! » J'ai très mal et, certains soirs, vraiment plus envie de mettre les gants. Je suis dégoûtée. Je finis par dire à Saïd que je veux arrêter la boxe, que je veux partir parce que ma coach est complètement folle. Comme sa brutalité a exaspéré tous les boxeurs du club, c'est néanmoins elle qui prend la porte.

Je ne participerai jamais à la Nuit des Amazones mais je réaliserai plus tard, en montant sur le ring à mon tour, que Marie n'était pas si forte que ça.

6

Et bam !

En 1999, la Fédération française de boxe autorise enfin les femmes à combattre officiellement, notamment sous l'impulsion d'Yvette Palatino qui s'est particulièrement engagée dans la défense de la boxe anglaise féminine. Jusque-là, les filles pouvaient pratiquer ce sport mais seulement en section loisir ou éducative – pas en amateur. Et encore fallait-il que le coach qui gère la salle les accepte aux entraînements.

En 1994, Yvette, qui enseigne déjà la boxe française – sa pratique en compétition est autorisée aux femmes parce qu'elle est considérée comme peu violente –, souhaite passer son diplôme d'État pour devenir entraîneur de boxe anglaise, mais la Fédération s'y oppose, arguant que ce diplôme est réservé aux hommes. Elle n'est donc pas autorisée à participer au stage de préparation qui se déroule à l'Institut national du sport, de l'expertise et de la performance (INSEP). En se renseignant un peu, elle découvre que pourtant aucun texte de loi n'interdit aux femmes de passer ce diplôme.

Elle se présente alors à l'INSEP pour ce fameux stage préparatoire. Elle est la seule femme pour une cinquantaine d'hommes. Dans un premier temps, on la prend pour la secrétaire ! Mais elle ne se démonte pas. Elle sera finalement la première femme en Europe à obtenir son diplôme d'État. Elle devient aussi la première Française coach d'un boxeur professionnel. Le journal *L'Équipe* ricane mais elle est invitée à la radio et à la télévision, notamment chez Mireille Dumas, présentatrice star d'un talk-show de l'époque.

Dans les années qui suivent, Yvette continue de défendre la boxe anglaise féminine auprès des cadres de la Fédération, qui rechignent toujours à la reconnaître. Elle va jusqu'à leur démontrer, dossier médical à l'appui, qu'il n'y a aucune contre-indication à ce que les femmes la pratiquent. Elle finit par les convaincre d'ouvrir la compétition aux boxeuses françaises.

Comme quelques dizaines de filles – dont certaines venant de la boxe française –, en 1999, je peux enfin prendre une licence de boxe anglaise amateur. Je dois reconnaître que j'ai beaucoup de chance : c'est précisément au moment où je commence à m'affirmer dans mon sport que les femmes peuvent participer à des combats de boxe en compétition officielle.

Mon tout premier combat est fixé au 30 janvier à Élancourt dans les Yvelines contre une fille qui est championne de France de boxe française. C'est un combat de gala en trois fois deux minutes, officiel mais sans titre en jeu. Je doute un peu de mes capacités ; comme toujours, Saïd m'encourage, il juge que j'ai le niveau et me redonne confiance.

Quelques jours avant le combat, il m'interpelle alors que je fais une séance de fractionnés sur la piste du stade.

— Sarah, il faut que tu viennes tout de suite à la salle, le président t'attend !

Le président en question n'est pas Jacques Chirac mais Christian Lavergne qui gère le club municipal de boxe d'Aubervilliers. Chaque soir, je le salue discrètement quand je passe devant son bureau enfumé, sans avoir jamais vraiment parlé avec lui. Il m'accueille avec un grand sourire, très fier que je représente le club au gala d'Élancourt. Il a dû être sportif dans sa jeunesse, ce qui ne se voit plus : il peine à se déplacer. Il me tend un grand pochon que j'ouvre avec circonspection. Je découvre alors une magnifique tenue de boxe aux couleurs du club et, tout au fond du sac, une sorte de soutien-gorge en plastique épais avec des tétons sculptés.

— Ça te plaît, Sarah ?

— Oui, beaucoup, merci, monsieur Lavergne.

— Alors va essayer ta tenue, qu'on voie ce que ça donne !

Je me dirige non pas vers les vestiaires femmes, qui sont inexistants, mais vers les toilettes qui à l'époque sont à la turque et le resteront encore longtemps. Ça ne sent pas bon là-dedans, je retiens ma respiration et j'enfile le débardeur puis le short bleus en polyester satiné en laissant de côté le protège-poitrine à grosses coques pourtant indispensable pour la compétition. À l'étroit dans les WC, bien que n'ayant pas le loisir de me contempler dans un miroir, je sens bien que rien ne va. Le short est beaucoup trop court et j'ai plus l'air d'une *ring-girl* que d'une boxeuse. Je me rhabille en me disant : « Ben, non, je vais pas les garder ces trucs-là ! » Je retrouve Saïd et M. Lavergne qui papotent en m'attendant près du ring.

— Ben alors, Sarah, tu nous montres pas comment ça te va ?

— Ça ne va pas.

— Ah mince ! C'est trop grand ?

— Non, c'est beaucoup trop petit. Merci encore, monsieur Lavergne, mais je vais faire autrement.

Je m'achète un short moi-même dans un magasin de sport, dégote un vieux T-shirt à bretelles dans l'armoire de mon frère ; le plastron, je le garde, puisqu'on ne peut pas faire sans, mais je rabote les gros tétons avec une lime à ongles.

Mon adversaire s'appelle Jacqueline Trignard[1], elle vient de Picardie. Elle a déjà une bonne expérience du ring, ce qui l'avantage. Mais elle vient de la boxe française, ce qui ne joue pas en sa faveur, notamment parce que la distance entre les pugilistes est différente dans les deux disciplines.

Dans le minibus de Saïd qui nous emmène à Élancourt, je grattouille l'accoudoir avec l'ongle de l'index. « Une princesse est morte / Sans flashes ni escorte, / Sans bougie dans le vent, / Sans rose devant sa porte… » Saïd passe cette chanson de KDD en boucle mais je n'ai pas envie d'écouter de musique. J'appuie sur le bouton off. J'ouvre mécaniquement le vide-poche puis le referme, Saïd me demande ce que je cherche et presse le bouton on. « Une princesse est morte / Sans flashes ni escorte… » Je n'ai toujours pas envie d'écouter de musique. Saïd baisse le volume. Il me dit que je suis prête, que je sais tout faire : boxer en avançant et en

1. Le nom a été changé.

reculant. Moi, j'ai peur de ne pas réussir à reproduire tout ce qu'il m'a appris. Je n'en ai pas dormi de la nuit. J'imaginais le combat et tous les scénarios possibles. À deux heures du matin, je me suis même levée pour répéter certains enchaînements devant mon miroir.

Saïd me répète que tout ira bien. Il monte le son. « *I make music for my people, / Cause that's my people. / I make music for my people...* » Il me rappelle que je suis une contre-attaquante. « Jacqueline part et bam, tu es déjà là. »

Quand la voiture se gare sur le parking, je réalise qu'il est immense – au moins mille deux cents places – et que le bâtiment municipal qui s'élève devant nous est bien plus grand que je ne l'imaginais. C'est une sorte de palais des sports qui peut accueillir des concerts, KDD y est peut-être déjà passé ou Oxmo Puccino, qui sait. Sur le chemin gravillonné qui nous mène à l'entrée, Saïd m'informe que c'est une grosse soirée : il y a un championnat du monde professionnel, un championnat d'Europe et notre combat de boxe féminine. Avec l'ongle du majeur, je frotte vigoureusement la lanière de mon sac. La salle est pleine à craquer. Je me réfugie dans les vestiaires et, sous l'effet de la peur, passe mon temps à faire des allers-retours aux toilettes.

— Mais qu'est-ce que tu fais, Sarah ? Je te cherchais partout !

— Je suis là, Saïd, je suis là.

— Dans un quart d'heure, c'est à vous, il faut régler ton casque et mettre de la vaseline, dépêche-toi !

— T'inquiète pas, je serai prête !

Je plonge deux doigts dans le pot de vaseline et m'en enduis le visage. J'en étale sur mes pommettes, mes tempes, mes arcades et même sur mon casque. Saïd m'explique que ça fera glisser les coups de mon adversaire. Il me demande d'insister sur l'arête du nez et le dessus des yeux. Je jette un dernier coup d'œil dans la glace. Je me fige comme si je voulais me parler à moi-même et m'encourager une dernière fois avant mon baptême du feu.

J'enfonce mon protège-dents bien moulé dans ma bouche et serre les poings.

C'est l'heure !

Allez, on est déterminée et on monte la garde. Tout va bien se passer !

Exceptionnellement, pour atteindre le ring, on nous demande de traverser la salle – comme le font les mannequins – sur un long podium illuminé. Je ne saisis pas que si on nous exhibe ainsi, c'est pour marquer le coup, parce que tous ces hommes que je sens trépigner et crier à mes pieds n'ont jamais vu de boxeuses combattre ni de boxeuses tout court. Ils n'ont jamais vu de femmes porter ces shorts satinés de boxeurs dans lesquels elles nagent. Ils n'ont jamais vu de jeunes filles aux muscles si saillants qu'ils leur semblent gonflés artificiellement. Et pour eux, c'est une sorte de mascarade, c'est comme si ces filles s'étaient déguisées en hommes pour la soirée et qu'elles n'allaient pas vraiment boxer. Ce qui met mal à l'aise le public et l'excite en même temps – exactement comme l'effet que produisent les hommes à perruques roses et hauts talons que l'on croise parfois dans les carnavals : c'est ce que la foule considère comme un travestissement.

Mais moi qui suis happée par l'imminence de mon premier combat, je ne comprends rien à ce qui se joue dans cette assemblée masculine qui me regarde en contrebas du podium.

Je ne saisis pas que pour une fois, pour la première fois peut-être dans leur vie de fans de boxe, ce n'est justement pas le combat qui les intéresse mais ces toutes jeunes filles qui – aussi impressionnées soient-elles quand l'arbitre les présente – prennent la place des hommes sur le ring.

Je ne perçois pas que ce qui les trouble ou les rend goguenards ou même agressifs, c'est l'ironie de cette transgression : que ce soit non seulement des femmes, mais des femmes qui pourraient être leurs filles ou leurs petites-filles qui se substituent le temps de quelques rounds aux boxeurs.

Je grimpe rapidement les marches de l'escabeau et passe entre les cordes du ring. J'ai beau être hypertendue, j'ai envie de voir ce que j'ai dans les tripes. Le casque me comprime la tête. J'ai les joues bouffies et les mains moites au fond de mes gants rouges. L'arbitre nous appelle au centre du ring et je me retrouve figée, apeurée face à Jacqueline Trignard qui dans cette situation, inédite pour tout le monde, m'apparaît être autant adversaire que sœur de combat.

— Pas de tête en avant, pas de coups en dessous de la ceinture, faites un beau combat et maintenant retournez dans vos coins !

Je ne réagis pas à la dernière consigne. Je demeure seule et immobile au milieu du ring alors que Jacqueline Trignard s'est déjà éloignée. Alors l'arbitre insiste : « Mais qu'est-ce que tu fais ? Va dans ton coin ! » Et c'est comme une somnambule que j'y retourne enfin. Le gong qui signale le début du combat retentit et tout dans mon corps et mon esprit s'éclaircit. Concentrée sur ma boxe, j'en oublie la dimension spectaculaire et scandaleuse du spectacle que nous livrons à ce public masculin qui réalise hébété qu'en fait il n'est pas au théâtre, que ce sont de vrais coups que nous nous donnons.

Je gagne mon premier combat. Je suis tellement heureuse que j'en oublie l'arbitre, Jacqueline Trignard et même cette voix que j'ai entendue distinctement hurler : « Retourne dans ta cuisine ! » alors que je passais les cordes.

7

Premiers championnats de France

— Bonjour, monsieur, on a réservé deux chambres pour deux nuits aux noms de Sarah Ourahmoune et de Saïd Bennajem.

Quand il incline la tête, crayon Bic en main, pour rechercher nos identités sur son listing, le réceptionniste de l'hôtel Concorde de Petit-Couronne présente une calvitie naissante. Il ne paraît pas très âgé pourtant, la petite quarantaine, mais les nuits passées à veiller ont dû vieillir prématurément son organisme. J'imagine, en revanche, que son métier a fini par affûter ses capacités de physionomiste ; serait-il capable de m'identifier comme boxeuse poids coq, 54 kilos ?

Au CDI du lycée, j'ai lu un article dans *Phosphore* qui disait que les vaches étaient physionomistes, l'expérience a été menée sur des individus de la race prim'holstein et il s'avère qu'elles ont d'étonnantes capacités d'identification faciale.

Le réceptionniste est-il seulement au courant que les premiers championnats de France de boxe féminine de l'histoire se tiennent dans sa ville ?

Il se retourne et décroche professionnellement deux clés suspendues à un tableau de bois verni.

— Chambres 31 et 32. Vous prendrez des petits déjeuners ?

— Oui, mais juste pour moi, mademoiselle est au régime !

— Ah oui, bien sûr, je comprends, c'est bientôt l'été !

Le veilleur de nuit légèrement dégarni n'ayant pas saisi la blague de Saïd, j'en déduis qu'il n'a pas deviné que j'étais une vraie boxeuse ni qu'une pesée officielle m'attendait demain matin à 7 heures précises. Je viendrai dévorer mon petit déjeuner après avoir passé l'épreuve de la balance.

— Vous êtes au troisième étage. L'ascenseur se trouve sur votre gauche au bout du couloir.

Lors des championnats d'Île-de-France qui ont eu lieu le mois précédent, la pesée ne m'a pas du tout inquiétée – j'en étais moi-même surprise, je faisais pile-poil le poids –, en revanche cette fois-ci, je l'appréhende. Si je pèse ne serait-ce que cent grammes de trop demain matin, il faudra que je m'arrange pour les perdre avant la pesée, c'est angoissant.

— Saïd ?

— Oui ?

— J'ai un peu peur de pas faire le poids demain.

— Écoute, Sarah, tu y vas juste pour l'expérience, tu dois te dire que l'objectif, c'est pas forcément le titre, c'est d'abord de voir ce que c'est une compétition, de découvrir. Alors évidemment que si tu gagnes pas, on va pas se mentir, on va être déçus, mais c'est pas grave, Sarah, c'est pas grave, c'est déjà très bien que tu sois arrivée là. Quand est-ce que t'as commencé la boxe ? Ça fait que trois ans, Sarah, tu te rends compte des progrès accomplis ? À la salle, t'en as qui boxent depuis dix ans et ils n'ont jamais osé passer le cap du vrai combat ! Ce n'est pas donné à tout le monde de monter. Toi, tu as choisi de le faire. Tu es une compétitrice dans l'âme, ça se voit ! J'en connais certains, me demande pas qui c'est, je citerai pas de noms, qui n'ont fait aucun progrès ! Bon, moi je leur dis pas, parce que l'essentiel, c'est qu'ils se fassent plaisir, tu vois. Tu connais mon état d'esprit, Sarah, la boxe, c'est pour tout le monde, s'ils doivent faire de la boxe loisir toute leur vie parce que voilà, ils le sentent pas ou qu'ils ont pas le niveau, je vais pas les virer, mais par contre, ceux qui ont des capacités, comme Amin par exemple, tu as vu comment il a progressé, Amin, ces derniers mois, alors là oui, je les encourage et j'espère bien qu'Amin, il va passer en amateur bientôt. Alors t'en fais pas, Sarah, t'en fais pas, c'est normal que t'aies des doutes, c'est tout nouveau pour toi la compète, les championnats et tout ça, mais oublie pas une chose : c'est nouveau pour tout le monde, tout le monde va découvrir, tout le monde va apprendre, même pour les juges et les arbitres ça sera nouveau ! Pareil pour moi ! Et pareil pour tes adversaires ! Pour elles aussi, c'est le grand saut dans l'inconnu, elles ont le même âge que toi, elles en sont exactement au même point, ni plus ni moins, donc tu as toutes tes chances !

Je monte l'escalier en écoutant attentivement mon coach qui ne s'autorise l'usage des ascenseurs qu'à partir de six étages.

Dans le couloir qui mène à nos chambres, j'admire la moquette murale que je trouve très classe – je ne suis allée qu'une seule fois dans un hôtel, c'était en 1988, dans celui que tenait mon père avant d'ouvrir son dernier restaurant, et encore, je n'y ai jamais passé qu'une seule nuit. Avec Samir et Hedi, on sautait juste sur les lits défaits le dimanche midi et ça nous amusait un maximum même s'il n'y avait pas cette jolie moquette saumon sur les murs mais une vague tapisserie à fleurs, je ne me souviens plus lesquelles, qui devait dater des années 1970.

— Mais je me demandais, pour la pesée, si je fais pas le poids demain matin, comment ça va se passer ?

— Arrête de te prendre la tête avec ça. Tu étais au poids ce matin quand on a pris la route. Ce n'est pas le petit sandwich au thon de ce midi qui va te faire grossir.

— Oui, mais je flippe quand même !

— Écoute, on se donne rendez-vous devant l'ascenseur à six heures, on ira à la pesée de contrôle. Si tu es trop lourde, tu iras faire de la corde.

— D'accord.

— Tu as pris un K-Way pour transpirer ? J'ai un gros sweat dans mon sac si tu veux.

— C'est pas la peine, j'ai ce qu'il faut. Et sinon, la pesée, elle est publique ?

— Mais non ! Y a que chez les pros qu'elle est publique, pour faire la promo du combat tu vois, mais vous, vous êtes des femmes, donc ça risque pas. Faut pas t'inquiéter, ça se fera très discrètement.

— Je m'inquiète pas. J'espère juste que c'est une femme qui nous pèsera, sinon je garderai tous mes vêtements ! Mais sinon, toi, tu en as connu des boxeurs qui étaient éliminés parce qu'ils faisaient pas le poids ?

— C'est très très très rare, faut pas te stresser avec ça j'te dis, Sarah.

— Non, non, je me stresse pas, c'est juste pour savoir.

— Oui, j'en ai connu qui ont été éliminés, mais tu vois, c'était des gars qui étaient bons mais qui avaient pas une super hygiène de vie, un peu des fêtards.

— Ah bon, ça arrive chez les sportifs, ça ?

— Oui, ça arrive malheureusement. Tu ne peux pas avoir de fortes ambitions et te laisser aller. C'est sûr que c'est tentant de faire la fête, sortir avec tes potes, boire un coup ou manger un kebab. Mais c'est un choix de vie ! Tu n'as rien sans rien ! La boxe, c'est dur. On ne joue pas à la boxe. On joue au foot, au basket, à ce que tu veux, mais pas à la boxe ! Tu ne peux pas monter sur un ring sans t'être vraiment préparé au combat, et cette préparation, elle se fait à l'entraînement mais aussi dans ton assiette. Des athlètes avec du talent, j'en ai rencontré plein. Mais des sportifs talentueux et sérieux, il y en a peu. À toi de voir quel chemin tu veux prendre, Sarah. Tu sais, c'est ce genre de détails qui fera la différence sur le ring. Quand tu seras fatiguée, ou que le combat sera serré, ces petits détails de ta préparation changeront tout !

— Oui, tu as raison, si je veux y arriver, il faut tout mettre en place.

— Le sommeil aussi est important, alors au lit !

— J'y vais, j'y vais… Et sinon, j'vais prendre quoi au petit déjeuner du coup ?

— On verra demain !

— OK, bonne nuit, Saïd.

— Bonne nuit, Sarah.

J'adore l'idée d'avoir une chambre à moi. Faire coulisser sur leurs rails les lourds rideaux de laine qui sentent un peu la poussière quand j'approche mon nez.

Apprécier la matière rêche des draps blancs et propres sur mes jambes. M'adosser à la tête de lit, télécommande en main, zapper sur *Charmed* dix minutes avant de couper le son sur une réplique d'Alyssa Milano puis ouvrir mon classeur d'histoire parce que j'ai une interro sur la Révolution française à réviser. Le 20 juin 1789 : serment du Jeu de paume. Jean-Marie Bigard sur France 2 assis à côté de Monica Bellucci devant un présentateur en veste noire. Gros plan sur les dents de Monica qui a l'air de bien s'amuser. Le 4 août 1789 : abolition des privilèges et des droits féodaux. Je vérifie que je n'ai rien oublié dans mon sac de sport : short, débardeur, plastron, bandes blanches, gants, chaussures à lacets, protège-dents, tout y est. Je n'aime pas Jean-Marie Bigard et, même si je n'entends pas ce qu'il dit, je le trouve vulgaire. Gérard Depardieu en pardessus dans un film historique sur TF1. Allez, j'éteins, ça ne m'intéresse pas ! Le 26 août 1789 : Déclaration des droits de l'homme et du citoyen. Demain, je vais balancer tout ce que je peux. Je me lève. Bam, bam, bam ! Trois coups dans le traversin que j'ai déposé, pour plus de commodité, sur le dossier de l'unique chaise de la chambre 31. Il se plie mollement en son milieu, formant deux moitiés que je frappe alternativement. Mes plantes de pied rougissent au contact de la descente de lit synthétique sur laquelle je m'affale après avoir fait le noir en tirant sur la cordelette de l'applique murale.

J'ai faim. Je me lève. Mais qui dort dîne, dit-on. Alors d'un bond je regagne mon lit duquel je redescends aussitôt afin de vérifier si j'ai bien fermé la porte à clé.

Je ne dors pas. J'ai les yeux ouverts dans l'obscurité. Je pense au combat. J'entends des voix dans le couloir, un rai de lumière passe sous la porte de ma chambre. J'ai peur de perdre. J'ai trop chaud dans mon lit. J'ai peur d'être ridicule. Je ne me sens pas prête. Je repousse la couverture jusqu'à mes pieds. J'ai peur de ne pas savoir refaire les gestes que je réussis à l'entraînement. Mon oreiller est trop mou. J'ai peur du public. J'en place un autre sous ma tête. Je me souviens de ces cris lors du gala d'Élancourt. Mon ventre gargouille. J'ai peur du tirage au sort. Je ne sais pas combien nous serons dans ma catégorie. Peut-être que mes adversaires sont là, dans le même hôtel que moi, peut-être que ce sont elles que j'entends parler dans le couloir. Peut-être qu'elles m'ont tout de suite repérée quand je suis arrivée dans le hall avec Saïd et qu'elles m'épiaient derrière un magazine ou une plante verte. J'ai croisé plusieurs filles qui semblaient être du même gabarit que moi. Peut-être qu'elles ont lu la peur du combat dans mon regard et qu'elles sourient de satisfaction juste derrière la cloison.

J'ai toujours faim. La lumière du couloir s'est éteinte. Je ne dors toujours pas. Saïd a dit que c'était important, le sommeil. Si je ne le trouve pas, je suis sûre de perdre. Saïd a dit que ce n'était pas grave, la défaite. Mais moi, je ne veux pas vivre cette humiliation-là. Je ne veux pas faire les trois cents kilomètres retour jusqu'à Aubervilliers avec elle.

Le lendemain, la pesée a lieu dans une petite pièce à l'abri des regards. Je croise des filles de mon âge que je n'ai jamais vues – je ne sais pas laquelle sera mon adversaire lors du combat de l'après-midi – et qui ont l'air aussi mal à l'aise que moi, alors je ne m'inquiète plus. Les délégués de réunion m'informent que je suis bien au poids, me voilà soulagée. Saïd m'a expliqué qu'ils étaient rémunérés par la Fédération pour faire en sorte que les règles soient respectées pendant les compétitions ou les galas. Ce sont eux qui organisent les visites médicales, les pesées, qui notent les victoires et les défaites sur les licences et qui placent les juges et les arbitres. La plupart d'entre eux n'ont jamais boxé et Saïd pense que c'est un problème parce que certains se permettent de tricher. Ni vu ni connu, ils valident la pesée d'un boxeur qui ne fait pas le poids juste parce qu'il vient du même club ou de la même région qu'eux. S'ils avaient eux-mêmes été sportifs, ils se rendraient compte de tout ce qu'ils volent aux autres boxeurs quand ils font une chose pareille. Ils comprendraient tout ce qu'on doit endurer rien que pour faire le bon poids ; comme eux n'ont jamais fait un régime ou un entraînement de leur vie, ils s'en moquent.

Quand on arrive au gymnase l'après-midi, ce n'est pas du tout comme à Élancourt, il y a très peu de monde, quelques dizaines de personnes peut-être : les entraîneurs, les boxeuses et les familles qui ont pu faire le déplacement, ce qui n'est pas le cas de la mienne parce que ma mère n'a pas assez d'argent pour payer le train – et que je ne tiens pas spécialement à sa présence. La boxe, c'est mon truc, je ne veux pas trop que ma famille s'en mêle. Je n'ai même pas dit à ma mère à quel point ce sport était devenu important pour moi. J'ai bien vu qu'elle était fière quand je lui ai annoncé que j'avais gagné les championnats d'Île-de-France, mais si je perds aujourd'hui, je crois que je ne lui en parlerai pas, je préfère me débrouiller toute seule avec la tristesse.

Je m'échauffe dans les vestiaires coin rouge. Je ne croise toujours pas mon adversaire qui se trouve dans les vestiaires coin bleu. On nous appelle pour la demi-finale. L'arbitre nous réunit au centre du ring. Il donne les consignes puis nous demande de retourner chacune dans notre coin. Pétrifiée par le stress, je reste cette fois encore campée au milieu. L'arbitre est obligé de me crier dessus et m'intime de rejoindre mon coin. En fait, je suis un peu perdue. Comme je suis encore trop peu expérimentée pour réfléchir à une vraie stratégie, je me dis simplement : « J'y vais, je donne tout ce que j'ai, je lui saute dessus, je fais des accélérations, je la domine un peu et avec ça j'ai toutes les chances de l'emporter ! »

Mais une fois que le combat commence, ce n'est pas si simple. Tout va très vite, j'ai l'impression d'être submergée par des signaux qui arrivent de tous les côtés. Il faut que j'analyse toutes les informations, que j'écoute les consignes de Saïd, que je réponde aux attaques de mon adversaire et tout cela en conservant une énergie physique importante. Ma perception de l'espace et du temps en est perturbée même si je fais tout pour rester lucide.

Au deuxième round, je me sens déjà mieux, je suis plus rapide, plus offensive, je ne laisse pas la moindre chance de s'exprimer à mon adversaire. Mais c'est la peur qui active mes mouvements car j'ai encore beaucoup de mal à maîtriser mes émotions. Je ne prête pas attention au public clairsemé du gymnase ni au silence qui règne, juste entrecoupé par nos souffles et nos coups. L'arbitre me semble presque invisible, il est pourtant tout près de nous, concentré et mobile, faisant en sorte de ne pas nous gêner. Et moi, j'attaque sans cesse. Je déploie tous les coups que j'ai appris depuis trois ans. Sans retenue. Je ne construis pas encore mon combat comme je le ferai plus tard en analysant mon adversaire.

Au bout d'un moment, je perçois quand même que ma rivale ne parvient plus à répondre à mes attaques, je le vois dans ses yeux surmontés par le casque, ses yeux qu'elle ne parvient plus à fixer sur moi et qui sont soudain trop mobiles dans leurs orbites. J'entends qu'elle respire moins bien, je sens qu'elle n'est plus aussi ferme sur ses jambes. Et puis subitement, elle m'accroche, elle me bloque les bras comme pour demander grâce. C'est une faute. L'arbitre arrête le combat, nous sépare puis nous demande de boxer.

À ce moment-là, je sais qu'elle a perdu mais je ne relâche pas la pression. Directs, uppercuts, crochets, j'envoie tout ce que je peux et même si mes gestes sont encore approximatifs, ils sont suffisants pour la victoire.

L'arbitre nous appelle au centre du ring et prend mon bras pour le lever vers le ciel, je suis heureuse et fière mais je n'exulte pas, je reste concentrée en vue de la finale qui m'attend le lendemain. L'autre demi-finale ne va pas tarder à débuter et je vais la suivre de près. Je sais analyser un combat, a fortiori avec l'aide de Saïd qui va le commenter pour moi, capable qu'il est de saisir les moindres failles des boxeuses qui vont combattre. Je lui demande si nous serons à même de bâtir une stratégie en fonction de ce qu'il aura vu. Il me dit qu'il pourra me donner quelques indications mais qu'il ne faut pas que j'oublie que chaque combat est différent et qu'il y a dans la boxe de nombreux paramètres et toujours une part d'inconnu.

Et justement mon adversaire m'impressionne déjà. Elle a gagné par K-O l'autre demi-finale sans vraiment le faire exprès. C'est une Gitane, elle est grande et fine. Dans ce petit gymnase vide, je ne suis pas en confiance. Stressée et épuisée, j'ai fait ce combat dans ma tête toute la nuit.

En finale, j'ai trois rounds de deux minutes chacun pour vivre pleinement cette nouvelle expérience du ring. Comme lors du précédent combat, mes attaques sont désordonnées, je lui rentre littéralement dedans sans rien construire. J'y vais à l'énergie et je gagne aux points. Me voilà championne de France.

8

L'expérience de Saïd

À la fin du championnat, à peine descendue du ring, on nous réunit dans une salle. Nous sommes quatre boxeuses. Je suis la plus jeune, les autres ont presque dix ans de plus que moi. Un délégué de réunion nous annonce que la Fédération va créer une équipe de France de boxe féminine et qu'on a été sélectionnées pour en faire partie. Je n'en sais rien à l'époque mais c'est une nouvelle fois grâce à la détermination d'Yvette Palatino, qui préside la commission féminine de boxe, que cette première équipe de France voit en fait le jour. Elle rassemblera des filles comme Myriam Lamare, Nadya Hokmi ou Audrey Garcia qui viennent plutôt de la boxe française ou du kickboxing. Il faut dire qu'à la différence de Saïd ou d'Yvette, rares sont les entraîneurs qui ont jusque-là accepté de former des femmes en boxe anglaise.

Le délégué nous explique qu'on va faire deux ou trois stages dans l'année pour nous préparer à des tournois internationaux mais que la première échéance, c'est la coupe d'Europe qui se tient en avril 1999 à Saint-Amand-les-Eaux. Dans certains pays européens comme la Bulgarie, la Hongrie, la Suède, des équipes féminines nationales existent déjà. L'homme me prend à part pour me dire que, vu mon jeune âge, ils vont devoir me surclasser pour que je puisse boxer des filles de plus de 18 ans. Il précise que je participerai bien à cette coupe d'Europe mais que, comme je suis junior, je ferai les combats hors compétition. Je suis à ce moment tellement heureuse que je suis loin d'imaginer que, gagnant ces combats, je serai particulièrement frustrée de ne pas pouvoir monter sur le podium.

Quarante-huit heures plus tard, quand j'arrive en classe, mes camarades s'empressent de me demander comment ça s'est passé. On me félicite, mais pas trop longtemps parce que le prof inscrit déjà sur le tableau les premières questions de notre interro d'histoire.

Dans mon lycée, je suis identifiée comme la boxeuse et, à ce titre, suis plutôt bien vue. En cours d'EPS, je me débrouille bien, notamment parce que je suis très endurante et que je cours très vite. Quand on en arrive aux sports collectifs, tout le monde me veut dans son équipe. Mon prof de maths, M. Marchais, qui court le marathon, prend toujours des exemples tirés des compétitions de boxe pour bien nous expliquer les probabilités.

Le soir, quand je retourne à la salle pour mon entraînement quotidien, les boxeurs qui se trouvent là m'applaudissent ou me tapent sur l'épaule en me serrant la main. Je n'ai plus besoin de faire mes preuves, j'ai gagné leur respect définitivement. Après la séance, je rejoins Saïd dans son bureau qui surplombe les rings.

— Je voulais te dire, Sarah, que je suis hyper fier de toi ! J'étais sûr que tu allais cartonner !

— Merci, Saïd.

— T'es la meilleure boxeuse française, Sarah, tu te rends compte ! Et en plus, tu es la plus jeune ! On va aller loin, on va aller loin, j'te le dis !

Si j'avais ôté mon casque, Saïd aurait vu que je rougissais.

— Et puis il faut que je te dise aussi que je suis hyper fier de moi ! Je suis très fier d'avoir permis à une fille comme toi de faire de la boxe !

Saïd esquisse quelques pas de danse ou alors il se dandine simplement, je ne sais pas trop. En tout cas, c'est toujours physiquement qu'il manifeste sa joie, comme j'aurai l'occasion de m'en apercevoir lors de mes prochaines victoires.

— Tu as de la chance, Sarah, d'aller en équipe de France ! Moi, j'en garde un super souvenir, tu sais ! Mais ce qui a été vraiment magique, ce sont les Jeux de Barcelone. Pour moi, c'est vraiment la plus grande des compétitions, et en plus, en 1992, il y avait Carl Lewis et Ben Johnson, toutes les grandes stars du sport ! Je me souviens qu'un jour je marchais dans les allées du parc olympique et à un moment donné, je me suis arrêté et je me suis dit : « Merde, je fais partie des meilleurs athlètes du monde ! » Le bâtiment américain était juste à côté du bâtiment français et on voyait des basketteurs comme Charles Barkley, et moi aussi j'étais là, avec le gratin du sport international ! Finir ma carrière d'amateur par les Jeux olympiques, c'était vraiment génial ! Rien que de t'en parler, j'en ai encore des frissons ! Et même si j'ai pas eu de médaille, l'important pour moi, c'était que je me qualifie.

Il est presque 21 heures mais je ne suis pas pressée de rentrer chez moi. Le lundi, ma mère est de garde toute la nuit chez un vieux monsieur qui est atteint de la maladie d'Alzheimer, je n'ai aucune envie de me retrouver seule avec son compagnon qui doit être attablé devant un tajine dans notre cuisine. Et puis, ce n'est pas si souvent que Saïd me parle de sa carrière sportive.

— Et ça te manque pas l'équipe de France ?

— Plus maintenant, mais au début, oui. Juste après mon premier combat pro, j'ai demandé à la Fédé s'ils pouvaient pas me reprendre en amateur, mais ça se fait pas, tu peux pas revenir en arrière. Bon, j'ai quand même de la chance car j'ai un bon promoteur et je n'ai pas que la boxe, j'ai un métier à côté et ça c'est hyper important. Faut penser très tôt à un plan B. Tu peux pas être boxeur éternellement, et puis si ça marche pas, tu fais quoi ?

— Oui, puis j'imagine qu'à force, ça use de boxer.

— Moi, j'essaie de me protéger un maximum. Quand je monte sur le ring, je pense d'abord à préserver mon visage, j'ai horreur de prendre des coups, si je peux gagner grâce à ma technique, je m'en contente. Et avec toi c'est pareil, Sarah, quand tu te prends un coup, bah moi c'est comme si j'en prenais deux !

Saïd est toujours debout, j'ai pris place sur une des chaises du bureau parce que j'aime bien m'asseoir quand me vient une idée.

— Saïd, j'aimerais bien qu'il y ait quelques femmes dans notre club. Je ne mets les gants qu'avec des hommes et je ne sais pas si je vais pouvoir progresser beaucoup dans ces conditions. Et puis maintenant que la boxe anglaise féminine est reconnue par la Fédé, ce serait bien de former des filles, non ?

— Je suis tout à fait d'accord avec toi, Sarah, reste à les trouver, ces filles !

— J'ai pensé qu'on pourrait faire des inscriptions gratuites pour les inciter à venir.

— C'est pas bête ça, Sarah ! Faut juste que j'en parle à la prochaine AG du club municipal, mais je pense que ça ne devrait pas poser de problème.

Ça ne pose pas de problème. Pendant trois ans, le club offre des inscriptions gratuites aux filles et ça marche : certaines s'essaient à la boxe anglaise et quelques-unes persévèrent. J'incite aussi mes camarades de lycée à venir s'entraîner avec moi. L'une d'entre elles, Marjorie, qui est dans ma classe de terminale ES, accepte parce qu'elle cherche à perdre un peu de poids. Elle s'avère très assidue. Tous les dimanches matin, on se donne rendez-vous pour courir ensemble au parc de La Courneuve, et le mardi, on se retrouve à la salle. Elle ne passera jamais le cap du combat par crainte de s'abîmer, mais elle me soutiendra beaucoup. Nos liens sont forts, on parle de sport, également de nos vies de jeunes femmes. Nous sommes des confidentes l'une pour l'autre. En se découvrant cette passion commune pour la boxe, on a fortifié notre amitié. Nous nous sommes perdues de vue mais je sais qu'elle travaille dans la mode, elle est styliste aujourd'hui.

Avec Saïd, on organise aussi des démonstrations et des forums dans la ville pour mettre en valeur notre sport. Un partenariat avec le centre de loisirs est mis en place afin que filles et garçons suivent des cours de boxe éducative, puis un autre avec l'Éducation nationale : toutes les classes de CM2 d'Aubervilliers viennent à la salle pour s'initier à l'arbitrage ou au coaching, ce qui crée des vocations. Grâce à toutes ces initiatives, notre salle devient vraiment mixte. Dans les années 2010, *Boxing Beats* est le club qui compte le plus de filles en France. Saïd acquiert une telle réputation d'entraîneur en boxe féminine que des compétitrices viennent de tout le pays pour se former avec lui.

9

Scranton, Pennsylvanie

Je décroche un bac ES en juin 2000 et m'inscris en fac de STAPS (sciences et techniques des activités physiques et sportives) à Bobigny avec le projet de travailler dans le domaine sportif. Au-delà du statut social et du salaire, le critère important pour moi est le choix d'un métier : je ne veux surtout pas souffrir comme ma mère de ne pas m'épanouir dans ma vie professionnelle. Pendant cette période, j'alterne entre des cours théoriques en amphi et des séances de sport. En plus de mes deux entraînements de boxe quotidiens, je me perfectionne en gymnastique, judo, foot ou encore natation.

Je continue de vivre chez ma mère et son compagnon alors que mes rapports avec lui sont exécrables. Heureusement, le pavillon d'Aubervilliers est grand, j'ai une entrée indépendante. Le plus souvent, je fais mes courses moi-même et je prends mes repas seule dans ma chambre. Je n'ai qu'une envie : partir. Je reste pour mes frères et sœurs afin qu'ils n'aient pas à supporter notre beau-père sans moi quand ils rentrent en fin de semaine, ma mère s'occupant d'une dame non voyante le samedi. Même si personne ne me le demande, je me fais un devoir de préserver ma fratrie de l'influence néfaste de cet homme. Le problème, c'est qu'avec mes déplacements en équipe de France, je suis de plus en plus souvent absente le week-end.

En septembre 2001, je me décide donc à quitter la maison, ne supportant plus les rapports de force quotidiens. Comme je suis sportive de haut niveau et boursière, on m'attribue un logement dans un foyer de jeunes travailleurs tout près du jardin du Luxembourg. Je partage mon temps entre les cours de deuxième année, les entraînements avec Saïd, les stages et les championnats avec l'équipe de France. J'y côtoie des filles plus mûres que moi, qui ont déjà une certaine expérience de la compétition, ce qui est très stimulant. Le samedi, quand je ne pars pas en tournoi, je travaille comme caissière dans un U Express de Montparnasse de neuf à vingt et une heures. Je n'en garde pas un bon souvenir. Il arrive que les clients me parlent mal. Je ne dirai pas que je ressens du racisme, mais quelquefois comme une forme de supériorité. Je préfère travailler sur les marchés, où le contact est autrement plus chaleureux. Et puis il y a toutes ces dames avec moi qui n'ont pas d'autre choix que de travailler là. Cette expérience me conforte dans l'idée que je dois m'accrocher dans mes études.

Ce mardi 20 novembre 2001, je pars pour les États-Unis et c'est sans aucun regret que j'abandonne la caisse de ma supérette parisienne pour participer aux tout premiers championnats du monde de boxe anglaise amateur féminine. Je ne me rends absolument pas compte que l'enjeu n'est pas seulement sportif mais symbolique. Alors que, pour la première fois de l'histoire, les instances internationales reconnaissent que la boxe peut être pratiquée à haut niveau par des femmes et qu'elle n'a plus le statut du sport viril par excellence, j'ai juste l'impression de partir en vacances.

J'ai 19 ans, c'est la première grosse compétition à laquelle je participe après la coupe d'Europe qui a réuni toutes les équipes féminines du Vieux Continent (russe, bulgare, suédoise, turque, ukrainienne, suisse, hongroise, tchèque, chypriote, etc.).

C'est aussi la première fois que je vais aux États-Unis, et ce à peine deux mois après les attentats du 11 *S*eptembre. À l'aéroport de Roissy, les agents des douanes nous font ouvrir nos valises afin de les inspecter de fond en comble. Nous passons par plusieurs postes de contrôle avant de pouvoir accéder à notre avion.

Saïd n'est pas du voyage. Ce sont deux entraîneurs nationaux qui accompagnent l'équipe de France. Comme je ne tarderai pas à m'en apercevoir lors des prochains stages ou tournois à l'étranger, notre encadrement ne sera pas toujours assuré par les mêmes entraîneurs. Souvent, nous ne ferons connaissance avec eux qu'à notre arrivée à l'aéroport parisien. Ça me déstabilisera un peu au début de devoir faire confiance à des coachs que je ne connais pas du tout.

À Scranton, mes camarades de l'équipe de France et moi résidons dans un lieu curieux. Nous sommes accueillies dans un centre d'amaigrissement pour personnes souffrant d'obésité. Le domaine est immense : terrains de sport, forêt, équipement aquatique. Deux spacieux chalets nous sont réservés, disposant chacun de plusieurs chambres, d'une grande cuisine et surtout d'un jacuzzi. Nous sommes enchantées, mais notre période de préparation prend rapidement des allures de vacances, ce qui n'est pas les conditions idéales pour préparer une compétition.

Dès notre arrivée, nous allons faire des courses. Au supermarché, les tentations sont fortes : seaux de glace et de sorbet de plusieurs litres, lignes de sodas à n'en plus finir, maxi-barres chocolatées, etc. Contre toute attente, nous, les spécialistes des régimes draconiens, nous nous laissons tenter.

Les jours qui suivent, nos entraîneurs passent nous chercher pour notre séance de boxe qui dure une heure ou deux, mais le reste du temps, nous sommes livrées à nous-mêmes. Nous retournons au supermarché pleines de bonnes résolutions, même si nous avons quelques difficultés à trouver des aliments simples tels que des pâtes ou du riz et surtout des légumes : 90 % des produits sont industriels, très chargés en graisse, sucre et sel, alors, passé nos premiers émois glycémiques, c'est sans frustration que nous les évitons. Nous nous faisons la cuisine, nous pataugeons dans une gigantesque piscine à bulles – sorte de version extralarge de l'Aquaboulevard de Paris – et pendant quinze jours, nous ne ratons pas une seule émission d'Oprah Winfrey. Ce sera la seule et unique expérience de ce genre. Les stages qui précéderont les dizaines de compétitions auxquelles je participerai jusqu'en 2016 seront, heureusement pour l'art de la boxe, beaucoup plus spartiates.

Toutes les participantes se retrouvent dans une grande salle au fond d'un gymnase. Licence et passeport à la main, nous faisons la queue pour passer devant le médecin et monter sur la balance. On s'observe, on se découvre, on se scrute. On essaie de deviner qui sont nos potentielles adversaires. C'est la première fois que je vois autant de boxeuses. C'est impressionnant. Certaines paraissent très expérimentées par leur attitude et leur physique très athlétique. Moi, je suis encore potelée. Même si je fais 51 kilos, j'ai gardé mes joues d'enfant.

Je ne vais pas loin dans la compétition. J'ai tellement fait le yoyo avec mon poids que je me sens épuisée. Saïd m'avait prévenue : à haut niveau, tous les détails comptent. J'ai merdé. Je perds en huitièmes de finale contre une Finlandaise. Je la recroiserai quinze ans plus tard, de nouveau aux États-Unis, à Colorado Springs. Je ne la reconnaîtrai même pas, c'est elle qui m'abordera pour me rappeler notre combat de jeunesse. En 2018, elle est devenue la coach de l'équipe féminine finlandaise. C'est une des rares femmes coach. Il y a une Anglaise, une Indienne, une Canadienne et une Tchèque. Toutes sont d'anciennes boxeuses. Celles de la première génération de combattantes. Je crois que j'aurais aimé entraîner une équipe et l'amener au plus haut niveau. Mais ce n'est pas un métier compatible avec une vie de famille. D'ailleurs, un coach m'a dit un jour : « J'ai une maîtresse. Ma femme le sait. C'est la boxe ! Et si elle ne l'accepte pas, je la quitte ! »

Nous avons toutes fini la compétition. Deux d'entre nous ont été médaillées. La veille de notre retour pour la France, à cinq heures du matin, nous montons dans un bus en direction de New York.

Si les entraîneurs nationaux nous laissent partir sans difficulté, c'est qu'ils vivent, comme nous, les premiers pas de la boxe féminine et n'ont pas forcément les bons réflexes. Eux aussi découvrent le haut niveau international. À partir de 2006, c'est Frankie Lesage – qui a beaucoup entraîné en Afrique et pris son rôle à cœur – qui encadrera le collectif féminin. Lui trouvera utile, même si nous avons terminé une compétition à l'étranger, de nous faire travailler jusqu'au bout dans la perspective d'un prochain tournoi. Il profitera de la présence de boxeuses de tous les pays pour nous faire mettre les gants. Il aura bien conscience que c'est dans la durée qu'on construit des victoires.

Il faut reconnaître que ce n'est qu'au milieu des années 2000 que l'équipe féminine va commencer à glaner quelques titres, ce qui deviendra beaucoup plus stimulant pour ceux qui nous entraînent et pour nous qui sommes pour l'heure parquées au fond de notre bus en compagnie d'une bande de rockeurs déjantés qui chantent du Red Hot Chili Peppers à pleins poumons.

Nous marchons toute la journée dans New York comme des petites filles rendues euphoriques par la démesure des tours qui s'élèvent autour de nous. Nous entrons dans des McDo. Et, sans aucune retenue cette fois-ci, commandons des menus Maxi Best Of gras, sucrés et salés à souhait. De grandes grilles ornées de milliers de fleurs, de photos et de peluches cernent la zone de Ground Zero. Deux mois après les attentats-suicides qui ont fait s'effondrer les tours jumelles du World Trade Center, des fumées blanches et une épaisse poussière émanent encore de l'amoncellement de gravats. Des centaines de personnes en larmes s'y arrêtent pour se recueillir et déposer des bougies. Nous aussi, nous sommes là, émues. Comment pourrait-il en être autrement ? Mais l'excitation de notre escapade new-yorkaise l'emportant sur la tristesse, nous poursuivons notre chemin.

10
Orientation

En 2002, DEUG de STAPS en poche, je ne poursuis pas en licence parce que je me rends compte que je ne veux pas devenir entraîneur. Je sais trop bien l'engagement à plein temps que ça demande : je n'ai pas envie de passer toutes mes soirées dans une salle de boxe et tous les week-ends en tournoi. Je réalise aussi à quel point ce métier est difficilement compatible avec une vie de famille, et même si je n'ai que 20 ans, j'espère bien en fonder une ! Je ne me vois pas non plus évoluer toute ma vie dans un milieu que je trouve de plus en plus malsain. Lors des compétitions, je ne suis jamais à l'abri d'une escroquerie, je sais bien que des juges magouilleurs peuvent me voler une victoire. Mais c'est ça ou rien : soit j'abandonne la boxe, soit j'accepte ces fausses règles du jeu. Je ne m'imagine pas accompagner un boxeur, tout faire pour qu'il soit à son meilleur niveau en sachant que le système peut le briser. Je suis prête à tous les sacrifices en tant que boxeuse, parce que le plaisir de monter sur le ring l'emporte sur le reste, mais je n'aurais pas ce courage comme entraîneur.

Boxeuse professionnelle n'est pas non plus une option parce qu'il est très difficile de gagner sa vie, la boxe féminine en est à ses débuts, elle est très peu développée, elle a peu de moyens et offre peu de débouchés. En tant que professionnelle, je ne trouverais que trois ou quatre combats par an rémunérés entre 2000 et 4000 euros maximum. Et encore, une fois mon entraîneur payé, mon matériel acheté et mes impôts déduits, il ne me resterait que 50 % de cette somme, c'est-à-dire un revenu de 250 à 650 euros par mois. En plus, chez les pros, les casques ne sont pas autorisés, les bandages sont durs, les gants plus petits qu'en amateur, on est plus exposé aux blessures et je n'aime pas ça. En boxe, la prise de risque est nécessaire pour gagner. À chaque coup porté, on se découvre et on s'expose. Alors j'essaie de me protéger le mieux possible. J'ai un casque avec une barre pour éviter que les coups n'atteignent mon visage.

J'envisage un moment de devenir professeur d'EPS mais j'abandonne aussi cette idée parce que, si l'éducation m'intéresse, ce n'est pas dans le cadre scolaire. Je découvre alors un métier qui semble davantage fait pour moi. Depuis des années, je fais de l'aide aux devoirs chez des particuliers et aussi à la salle de boxe d'Aubervilliers. Les collégiens sont demandeurs, je parviens bien à les motiver sans doute parce que mon statut de championne de France les impressionne. Si je leur proposais juste de les aider à faire leurs leçons, ils ne seraient pas très intéressés, mais je leur dis : « On va faire un peu de maths ou de français avant votre séance de boxe », et là, ils acceptent sans problème. Pourtant, je me rends vite compte que si le sport ou l'aide scolaire sont de bons outils, ils restent limités dans l'accompagnement des jeunes.

Dès qu'ils rentrent chez eux, je n'ai plus les moyens de les aider et je trouve cela très frustrant. S'il m'arrive parfois de rencontrer leurs parents, ça ne va pas plus loin. Je me renseigne dans une mission locale et on me parle alors du métier d'éducateur spécialisé, que je ne connaissais pas. Je crois que j'ai trouvé la voie que je cherchais.

Si j'arrête la fac, c'est aussi parce que j'ai de plus en plus de mal à jongler entre les études, les petits jobs et le sport. Heureusement, j'ai la chance d'être intégrée à l'INSEP ; j'en rêvais depuis longtemps parce que c'est le meilleur endroit pour concilier sport de haut niveau et études. Saïd m'en a toujours parlé comme étant le temple de l'excellence sportive. Que j'y sois admise est inespéré : ma discipline est encore récente et confidentielle, très peu de places lui sont réservées.

Je passe un an dans l'internat de l'Institut qui se situe au cœur du bois de Vincennes. Je partage une chambre vétuste du bâtiment B avec Oria, une autre pugiliste. La peinture s'écaille au point de nous tomber dessus quand nous dormons mais je m'en moque. C'est une période vraiment heureuse. Moi, jeune boxeuse, je deviens une « vraie » sportive de haut niveau, reconnue par mes pairs, avec un encadrement à trois cent soixante degrés : entraînements de boxe avec les coachs de l'équipe de France masculine, séances de préparation physique personnalisées, suivi médical poussé. C'est à cette occasion que je change de catégorie de poids parce que les médecins me font faire des tests de masse grasse et me conseillent de passer de 51 à 48 kilos pour être plus efficace. En effet, je deviens beaucoup plus vive et rapide : de la mitraillette !

Je profite des cours de l'INSEP pour passer un brevet d'éducateur sportif, qui, si je n'ai pas envie de devenir entraîneur, pourra toujours me servir. Je prépare aussi un BTS diététique par correspondance. Depuis que j'ai commencé la boxe, je fais des régimes, il est temps que je me penche sérieusement sur la question de l'alimentation. Mais c'est uniquement par intérêt personnel et pas du tout dans la perspective de devenir diététicienne.

11

Ce n'est pas douloureux

À la rentrée 2003, ma motivation pour devenir éducatrice spécialisée demeure intacte. Pendant un an, je travaille seule plusieurs concours d'entrée en institut régional du travail social (IRTS) parce que je n'ai pas les moyens de me payer la préparation. Je suis prise dans trois écoles, je choisis celle de Paris, rue Parmentier, dans le Xe arrondissement. Les études durent trois ans. L'IRTS ne reconnaît pas le statut de sportif de haut niveau. Je rencontre le responsable de la formation pour lui expliquer ma situation et lui demander si un aménagement d'horaires est possible. Il est clair avec moi : seuls quatre-vingts étudiants ont été reçus sur plus de mille qui passaient le concours, je ne peux pas me permettre d'être absente pendant mes compétitions et prendre la place de quelqu'un qui serait là à plein temps. La question ne s'est jamais posée mais je suis au pied du mur : il faut que je choisisse entre la boxe et les études. Je décide d'arrêter la boxe. À contrecœur, même si ce qui m'anime à ce moment de ma vie, c'est un sentiment d'épuisement.

Est-ce que c'est douloureux ? Non. Je pourrais désirer continuer pourtant : je suis championne de France, j'ai obtenu des médailles internationales mais je n'ai toujours pas décroché de titre européen ni mondial. Il faut croire que cela me suffit. J'ai même l'impression de tourner en rond : depuis quatre ans, je fais toujours les mêmes compétitions, je rencontre toujours les mêmes adversaires et la boxe anglaise féminine n'est pas reconnue comme discipline olympique.

Je cesse la compétition d'autant plus facilement que je suis moins engagée dans mon sport. La salle n'a plus pour moi cette dimension de refuge qu'elle avait au début. Le soir, je rentrais chez moi le plus tard possible pour ne pas croiser mon beau-père. Saïd, c'était mon confident, il connaissait tout de ma vie familiale et je connaissais la sienne. Je le considérais presque comme mon deuxième père. En 2003, c'est différent, je vis ma vie, je n'ai plus besoin de fuir. Pour Saïd, les choses sont moins évidentes.

Il comprend très bien ma décision, parce que lui-même m'a toujours encouragée à poursuivre des études, mais, comme il me le confiera beaucoup plus tard, mon départ l'attriste profondément. Sur le moment, il ne laisse rien paraître et je ne réalise pas vraiment que j'abandonne beaucoup plus qu'un entraîneur en cessant la boxe.

Je mets donc fin à ma carrière. Je me dis qu'il faut que je sois raisonnable, que la priorité est de me concentrer sur ma formation afin d'exercer un « vrai » métier puisque de toute façon je ne peux pas vivre de la boxe.

Arrêter le haut niveau, ça ne veut pas dire arrêter le sport. J'en ai toujours pratiqué et je ne peux pas vivre sans. Mais comme il serait beaucoup trop frustrant de cesser la compétition pour me rabattre sur la boxe loisir, je me remets au taekwondo au dojo de La Courneuve.

À la même période, ce que j'ai espéré pendant des années arrive : ma mère se décide à quitter son compagnon. C'est un immense soulagement pour moi. Elle quitte Aubervilliers pour s'installer dans un appartement à Aulnay-sous-Bois avec Lydia, qui a tout juste 5 ans. Entre ma mère et moi, les tensions se dissipent. Et c'est un peu pour fêter nos retrouvailles que je lui propose de faire du taekwondo avec moi. Elle accepte, ainsi que Nadia et la petite Lydia. Ce sport contribuera pendant trois ans à notre recomposition familiale.

En taekwondo, je ne me débrouille pas trop mal, probablement parce que j'ai une très bonne condition physique et qu'il y a des similitudes entre ce sport et la boxe : dans les deux, on combat en quatre fois deux minutes. Je participe même à quelques championnats alors que ce n'est pas trop dans l'esprit du club qui est plus orienté sur le taekwondo technique que sur celui de combat. Les sportifs qui viennent s'entraîner au dojo de La Courneuve adorent la technique, ils passent des heures à travailler ces mouvements d'attaque et de défense contre un ou plusieurs adversaires imaginaires qu'on appelle des *poomse*. C'est surtout la rigueur et la précision qui les intéressent alors que moi, je préfère la confrontation.

Par ailleurs, je me rends vite compte qu'il m'est difficile de me consacrer à un sport juste pour le plaisir : j'ai besoin de me dépasser en allant chercher des titres, sans quoi j'ai l'impression de ne pas avancer. Or, dans mon club, les gens s'entraînent surtout pour l'amour de l'art martial et pour passer du bon temps. En outre, les compétitions me semblent frustrantes par rapport à celles que j'ai connues en boxe. En taekwondo, j'ai l'impression que les tournois, c'est l'usine. J'arrive dans un gymnase où se trouvent plusieurs aires de combat, je monte sur mon aire, je gagne ou je perds, je sors et hop, on passe au suivant : j'ai vraiment le sentiment de ne pas exister. Cette organisation ne me semble pas à la hauteur de l'investissement du taekwondiste, c'est comme si elle était bâclée. En boxe, je trouve que la forme de la compétition respecte beaucoup plus le travail et l'engagement du boxeur. Le cérémonial est davantage à l'image de l'enjeu : un seul ring, un seul combat et tous les regards du public posés sur soi. Un vrai enjeu.

Malgré tout, je passe trois belles années dans ce dojo parce qu'il y règne un bel esprit, que j'ai de très bonnes relations avec Philippe, notre entraîneur, qui fait tout pour rassembler les adhérents en organisant des événements.

12

Toxicomanie

En tant qu'élève éducatrice, j'envoie des CV afin de travailler et gagner de l'argent en complément de ma bourse. Je postule pour un stage de neuf mois dans un centre de soins spécialisés aux toxicomanes (CSST) à Nanterre. C'est un milieu que je ne connais pas du tout et qui me fait peur, mais j'ai besoin de me confronter à la maladie et d'une certaine façon à la mort. Je m'aperçois que c'est un trait constant de mon comportement : non seulement ne pas fuir quand la vie se montre cruelle, mais aller au-devant du malheur – et même si ce n'est pas moi qui suis directement affectée –, me confronter à lui, le regarder droit dans les yeux, comme je le ferais avec une adversaire sur un ring, afin de trouver des stratégies pour le vaincre.

J'ai rendez-vous à l'association La Fratrie pour rencontrer le directeur en charge du recrutement. Je m'installe sur une chaise en plastique et ne patiente pas longtemps dans la salle d'attente : j'entends déjà des pas rapides dans le couloir, on vient me chercher, je réajuste mon chemisier. Un homme de grande taille entre. Cheveux longs attachés en queue-de-cheval, jean slim, petit haut moulant et rouge à lèvres. Je n'imaginais pas le directeur comme ça ! Il me lance un « Bonjour, ça va ? » puis il s'assoit à côté de moi.

— Tu sais, faut pas t'inquiéter, ça va aller, tu vas t'en sortir.

— Ah mais non, je viens pas pour ça, je suis juste là pour un entretien !

Il n'a pas l'air de comprendre, il pense vraiment que je suis toxicomane.

— On dit tous ça hein, on veut jamais s'avouer ce qu'on vient faire là.

— Non, je vous assure, c'est pas ça…

— Tu veux un café ?

— Non merci, ça va.

Il repart. Entre un autre homme : le directeur.

— Ah, bonjour, Fatima, tu vas bien ?

Je ne m'appelle pas Fatima mais mon parcours de boxeuse et mon idée de proposer des séances de sport adaptées aux toxicomanes le séduisent. Il me recrute sur-le-champ avec un grand sourire.

J'interviens à La Fratrie deux ou trois fois par semaine et souvent le week-end. L'équipe est composée d'un médecin, de cinq éducateurs, d'une assistante sociale et d'un psychologue. Moi, j'organise des parcours sportifs dans un bois proche du local de l'association. J'encadre six ou sept personnes, toutes volontaires. Les premières fois, je ne les fais pas courir longtemps, cinq ou dix minutes seulement, parce que leurs corps ne sont plus habitués à l'effort physique et sont souvent dégradés par l'usage de la drogue. Mais nos courses brèves au milieu des arbres ne tardent pas à modifier les états psychiques et délient les langues. Que je me préoccupe plus de leur foulée que de leurs problèmes d'addiction incite les toxicomanes, une fois leur petit footing terminé, à venir me parler d'eux.

C'est le cas de Salima, qui a 26 ans, est accro au crack et vit dans la rue. Elle est enceinte de cinq mois mais ça ne se voit pas. Sous sa veste de survêtement, son ventre paraît tout plat. Au début, elle non plus ne s'est pas rendu compte qu'elle portait un enfant. Quand elle l'a su, il était trop tard pour avorter. Mais c'est une grossesse à risque : le bébé risque d'avoir des complications à la naissance, voire de faire une overdose fœtale. S'il survit, il faudra le sevrer dès sa naissance en le mettant sous substituts. Salima ne sait pas qui est le père. Certainement un client, puisqu'elle se prostitue pour se payer ses doses. Elle m'expose ces faits calmement, sans gêne. Et moi, je ne sais pas quoi lui dire.

(Je dois avoir 10 ans, on habite encore chez mon père dans son studio miteux de Clichy. Je nous revois grimper l'escalier de l'immeuble avec mon frère Samir et ma mère, un peu à la traîne avec ses sacs de courses, qui subitement nous crie : « Attention, faut pas toucher aux seringues ! » C'est notre voisine qui se drogue, laissant souvent son matériel d'injection sur le palier. Dans les squares du quartier, c'est pareil, ma mère nous met en garde : « Ne jouez pas dans les bacs à sable ! » On y trouve des mégots, des tessons de bouteille, des crottes de chien mais aussi ces fameuses seringues.)

Finalement, la seule chose qui me vient à l'esprit, c'est de convaincre Salima d'arrêter de se droguer, de la motiver à abandonner le crack de la même façon que je l'encourage à prendre soin d'elle, de ce corps qu'elle maltraite. « Allez, Salima ! On va marcher un peu. Encore un effort, quelques pas, Tu vas y arriver ! Tu vas reprendre ta vie en main ! » Elle me regarde droit dans les yeux, des gouttes de transpiration coulent sur ses tempes. Elle me dit qu'elle n'a jamais été aussi déterminée, que ça ne lui sera pas difficile d'arrêter la dope puisque ça fait déjà trois heures qu'elle n'y a pas touché ; à l'entendre, elle est déjà presque désintoxiquée. Quand, de retour du bois, on pénètre dans le hall d'entrée du centre, elle est tout excitée. Naïvement, j'imagine que mes paroles ont été salvatrices, que Salima est libérée de son mal et elle embrassera son bébé pour la première fois, elle sera enfin sevrée. Le soir même, j'apprends qu'elle a repris du crack comme si de rien n'était.

Cette nouvelle me terrasse. Je me demande ce que je fais dans cette association de Nanterre et si mon travail sert vraiment à quelque chose. Me sentant complètement désarmée, je parle de cette expérience malheureuse avec un éducateur qui me dit de façon directe : « Mais, Sarah, les toxicos, c'est des menteurs, c'est des imposteurs, ils sont pas dans leur état normal avec la drogue, tu peux leur raconter tout ce que tu veux, en fait ils t'écoutent pas ! »

Je comprends que mes paroles de l'après-midi n'ont pu surpasser la puissance du produit dont Salima est dépendante et se sont dissipées avec lui.

À partir de là, je cesse d'avoir une attitude volontariste avec les toxicomanes, je n'essaie plus de les convaincre d'arrêter la drogue, j'abandonne mes leçons de morale et, avec elles, l'espoir de les voir s'en sortir. Je les prends comme ils sont sans chercher à les « redresser ». Salima est assidue aux séances de marche et de relaxation que je lui propose. Elle a l'air heureuse d'en faire. De savoir qu'elle continue de se droguer est très dur mais le fait qu'elle accepte que je sois là pour elle me soulage. Parfois, je me mets à espérer qu'à force d'exercices physiques dans les bois, je lui ferai découvrir les bienfaits du sport et qu'ils seront suffisamment intenses pour supplanter l'euphorie du crack.

Je ne sais pas ce qu'est devenue Salima. Quand j'ai fini mon stage, l'assistante sociale de La Fratrie avait réussi à lui trouver un logement dans une maison familiale. Je ne sais pas si son bébé est né ni s'il est encore en vie.

Cet été-là, avec l'équipe de La Fratrie, je passe deux semaines avec une dizaine de toxicomanes dans une maison en Picardie pour ce qu'on nomme un « séjour de rupture ». Dans la chambre des éducateurs, il y a une grosse malle bien cadenassée. Elle contient du Subutex et d'autres substituts à la cocaïne et au crack que le médecin distribue aux toxicomanes tous les matins.

Un après-midi ensoleillé, j'organise une activité boxe dans le jardin de la maison. Ça s'appelle « touche-épaules ». Comme le nom l'indique, le principe du jeu consiste à toucher les épaules de son adversaire sans se faire toucher. Thierry n'a jamais participé aux ateliers que j'anime, il est assis un peu à l'écart, sur un transat, à l'ombre du store banne de la terrasse. Silencieux, il nous observe, Jeff, Serge, Nassim et moi, nous amuser sur la pelouse en riant. Au bout d'un moment, il s'approche et me dit : « Moi aussi, je veux essayer ! » C'est la première fois qu'il m'adresse la parole. Ça peut paraître anodin mais pour moi, c'est une victoire. Habituellement, Thierry est solitaire, très renfermé, il paraît toujours triste et le voilà qui prend plaisir à jouer à touche-épaules comme un enfant.

Plus tard, on s'installe à la table de la terrasse pour boire un café. Thierry s'est assis à côté de moi. Quand Jeff, Serge et Nassim quittent les lieux pour regagner leurs chambres, il se met à me parler de lui. Il m'explique qu'il prend des médicaments destinés aux chevaux de course. Je n'ai jamais entendu parler d'une chose pareille. J'apprendrai plus tard qu'il s'agit de la kétamine mais, sur le moment, je ne lui demande pas d'explications. Je me contente de l'écouter. Quand il avait 15 ans, ses parents se sont suicidés en sautant du quai d'une gare devant lui.

Ce qu'il me dit est tellement impensable que je pourrais croire à une blague. Je lui répondrais par un éclat de rire et on retournerait jouer tous les deux à touche-épaules comme si ce drame n'avait pas eu lieu, comme si ses parents étaient encore en vie, tous les deux retraités dans leur pavillon de Gentilly. Mais c'est la vérité et elle n'appelle pas de réponse, alors je me tais.

Thierry n'a pas 30 ans, il est tout petit, très nerveux. Par moments il crie sans raison apparente. Quand je l'ai connu, je n'osais pas trop l'approcher, je sentais son agressivité aux regards haineux qu'il me lançait. Je ne comprenais pas qu'ils ne m'étaient pas spécialement adressés. Thierry en veut simplement à la Terre entière, comme on dit, même s'il lui est impossible de se venger ou de réparer ce qui a détruit sa vie. Je ne sais pas ce que le jeu de touche-épaules a réveillé. Un souvenir de lui, enfant, jouant à la balle sous le regard aimant de ses parents ? Peut-être la faculté, longtemps restée en sommeil, de s'amuser tout simplement. À partir de ce jour-là, en tout cas, il se met à me parler régulièrement.

Quand je quitte le centre au bout de neuf mois, je n'ai réussi à sauver personne. Mes ateliers sportifs n'ont généré aucun sevrage. Est-ce que ma présence a été utile ? A-t-elle vraiment eu un effet sur les toxicomanes que j'encadrais ? Ce sont plutôt eux qui m'ont transformée. Ils m'ont appris l'humilité. Moi qui pensais avoir assez d'énergie et de détermination pour les inciter à arrêter la drogue, je m'aperçois que ce n'est pas aussi facile. Je le savais, pourtant, qu'on ne peut pas changer la vie des autres ! Je l'ai suffisamment expérimenté dans ma famille et surtout avec ma mère. J'ai tout fait pour oublier cette évidence, et reconnaître cette impuissance m'a longtemps été impossible. Ce n'est plus le cas désormais. On ne peut pas toujours changer la vie des autres, en revanche on peut être là, à leurs côtés, s'ils l'acceptent.

13

« Est-ce que vous êtes disponible demain ? »

Durant ma troisième année à l'IRTS, le directeur d'un établissement d'Aubervilliers m'appelle : « Est-ce que vous êtes disponible demain ? Il y a un remplacement à faire dans notre IMPro. » Je ne sais pas ce qu'est un IMPro, mais j'accepte parce que ce n'est pas loin de chez moi.

Le lendemain matin, à huit heures, je me retrouve dans une école spécialisée pour jeunes handicapés mentaux. Le directeur de l'institut médico-professionnel me reçoit quelques minutes dans son bureau puis m'accompagne jusqu'à la salle de classe. Il me laisse seule en me souhaitant bon courage. Je me retrouve devant quatre élèves qui ont entre 16 et 20 ans, presque mon âge.

Je n'ai jamais été confrontée au handicap mental, je n'ai eu aucune formation sur la question, je vais donc devoir apprendre sur le tas. J'ai bien senti le soulagement du directeur de l'institut quand je lui ai annoncé que j'acceptais le remplacement. Il était vraiment dans l'urgence et n'avait pas le temps de m'accompagner pour cette première rencontre avec les élèves.

Me voici debout face à eux, très intimidée. Un des jeunes me dit : « Bonjour, je m'appelle Stéphane. » Il est tout petit, trapu, très musclé et plein de tics nerveux. J'apprendrai plus tard qu'il est atteint du syndrome de Williams, qu'on appelle vulgairement « syndrome du lutin ». Présentement il semble beaucoup apprécier mes cheveux longs puisqu'il se place derrière mon dos et plonge brusquement sa tête dans ma chevelure. Il renouvelle l'opération plusieurs fois avant que je ne trouve une parade. J'essaie de fixer son attention en lui posant des questions sur l'éducateur que je remplace. Je parviens ainsi à me faire une sorte de chignon avec un élastique qui traîne dans la poche de mon jean. Stéphane ne peut s'empêcher de sauter sur place en me répondant mais, au moins, il me laisse tranquille et me donne des informations utiles.

Il s'assoit enfin à sa table et dit : « J'adore la musique et les stations de métro. » Il me demande si je suis venue en métro. Je lui réponds que non mais qu'il y a une station à côté de chez moi sur la ligne 7. Sans aucune hésitation, il se met à énumérer toutes les stations de la ligne 7. Ensuite, il me présente les trois autres élèves. Nadège, une trisomique très calme qui est en train de travailler toute seule dans son coin, puis Céline et Mohamed.

Je finirai par bien les connaître puisque mon remplacement, d'une semaine initialement, se prolongera sur une année entière. Céline, 16 ans, n'a pas plus de 3 ou 4 ans d'âge mental, elle pleure souvent et fait régulièrement des crises de nerfs. Mohamed a 19 ans, il est très intelligent mais souffre de diabète et d'une maladie mentale qui lui fait faire des choses bizarres. Tout le monde le connaît dans le quartier des Quatre Chemins à Aubervilliers puisqu'il y fait la manche et s'y prostitue pour pouvoir se payer des bibelots et des gadgets ridicules vendus par des vendeurs à la sauvette. L'obsession de Mohamed, ce sont les boules lumineuses et les tours Eiffel clignotantes. Ce qu'il adore aussi, c'est porter des T-shirts à l'effigie de Loana. Il a été un grand fan de « Loft Story ». Il faut dire qu'en 2001, c'était plutôt banal. À l'époque, il adorait se planter devant les portes du studio, porte d'Aubervilliers, et attendre pendant des heures qu'un des candidats sorte sous les acclamations du public. Mais ça aussi, c'était plutôt banal.

Les quinze premiers jours sont très pénibles parce que je ne suis pas habituée au handicap mental et que je ne sais pas trop comment me comporter avec mes élèves.

Quand je rentre chez moi, je suis épuisée, je souffre de migraines et la nuit je fais des cauchemars. Ces souffrances se dissipent quand je commence vraiment à les considérer pour ce qu'ils sont : des adolescents comme les autres. D'autant que leurs maladies ne les font pas forcément souffrir. Ce qui est douloureux pour eux, ce sont les remarques désobligeantes de certains passants quand on sort dans la rue. J'ai de longues discussions avec eux à ce sujet. Ils me disent : « On est des gogols » et ça les peine beaucoup de penser que les gens à l'extérieur peuvent ne pas les aimer.

Pendant un an, j'initie mes quatre élèves aux rudiments de la vie domestique afin qu'ils puissent devenir le plus possible autonomes. Je leur apprends à cuisiner, à faire fonctionner un lave-linge, à repasser, à faire les courses dans un supermarché. Un jour, je leur propose même de réaliser une grande fresque sur un des murs de l'institut. C'est surtout un travail sur le recyclage. Je leur demande de récupérer toutes sortes d'objets inutilisés et ça leur plaît beaucoup.

Avec eux, il faut à la fois être endurante et très énergique. En cela, c'est un travail assez semblable aux entraînements de boxe. Ça demande beaucoup de patience parce que les progrès de ces jeunes sont très limités. Mais parfois, c'est surprenant, ils font des choses qu'ils n'ont jamais été capables de faire au moment où je ne m'y attends plus. Là aussi, c'est comme en boxe : quand les bons gestes sortent sur le ring alors qu'on ne les a jamais réussis à l'entraînement.

Pendant mes trois ans de formation à l'IRTS, je trouve toujours des remplacements à effectuer. Je découvre ainsi le malaise qui affecte la profession à laquelle je me forme. La rudesse du métier ne tient pas seulement à la violence quotidienne à laquelle peuvent être confrontés les éducateurs mais aussi à une forme de tabou ou de censure qui les empêche de se livrer quand ils ont de mauvaises relations avec les personnes en difficulté qu'ils accompagnent. Délaissés par des collègues ou une direction indifférente, ils s'isolent et finissent par tomber malades. Moi-même, j'ai été confrontée à des situations rudes, mais l'attrait de la nouveauté, les courtes durées de mes missions et peut-être aussi cette endurance physique et mentale que des années de compétition sportive ont contribué à renforcer expliquent que je ne me sois pas effondrée.

14
Reprise

J'obtiens mon diplôme d'éducatrice spécialisée en juin 2007. J'ai de la chance : je n'ai même pas à chercher un emploi puisqu'une collègue part justement à la retraite et que son poste se libère à l'IMPro d'Aubervilliers où je travaille déjà. Une reprise de la compétition est envisageable maintenant que je suis libérée des études.

Au bout d'un moment, je réalise qu'en taekwondo je n'aurai jamais le niveau que j'ai réussi à atteindre en boxe et que je ne pourrai jamais entrer en équipe de France. J'ai commencé beaucoup trop tard et je n'ai pas le physique idéal : je suis petite, or, dans ce sport, il vaut mieux être grand et longiligne. Et même si la morphologie ne fait pas tout, que j'essaie d'utiliser d'autres armes pour compenser, je ne suis pas assez forte pour espérer aller loin et vivre des émotions similaires à celles que j'ai ressenties sur le ring.

Alors que je m'étais persuadée que je ne referais jamais de boxe, à peine ai-je pris mes fonctions d'éducatrice que j'explique à Philippe que j'ai besoin de retenter ma chance. Il est un peu déçu que je parte mais il comprend. La boxe m'appelle.

Le responsable et entraîneur du club d'Aulnay, où j'habite désormais, s'appelle Marcel. Je le connais déjà. C'est un petit monde que celui de la boxe en Île-de-France. Je l'ai souvent croisé au stade Max-Rousié, dans le XVIIe, où sont régulièrement organisés des combats. C'est à cinq minutes de chez mon père ; quand je lui rendais visite le dimanche avec mes frères et sœurs, il nous préparait des frites et l'après-midi on allait tous ensemble là-bas, porte Pouchet, regarder les boxeurs.

Après trois ans d'arrêt, je reprends donc l'entraînement à raison de deux fois par semaine, juste pour le plaisir, sans vraiment penser à la compétition puisqu'il faut d'abord que je retrouve la maîtrise des mouvements. Une fois assise sur le banc du vestiaire, je retrouve ces gestes si familiers comme faire mes bandes puis attacher mes cheveux et enfin enfiler mes gants.

Quelques semaines plus tard, je reçois un coup de fil de l'entraîneur de l'équipe de France : « Écoute, Sarah, ce week-end on est en stage à Eaubonne dans le Val-d'Oise, si tu veux passer nous faire un petit coucou, n'hésite pas. » Je lui réponds : « OK, mais je viens avec mes affaires, comme ça je m'entraînerai avec vous. »

J'y vais sans arrière-pensée, simplement heureuse de revoir mes anciennes collègues. Je fais la séance avec elles et les filles m'expliquent qu'elles partent le lendemain en Inde pour le championnat du monde. Je réalise que non seulement j'ai très envie de partir avec elles mais que j'ai presque le niveau pour y aller. En mettant les gants avec l'une d'entre elles, juste pour essayer, je me dis qu'il ne faudrait pas grand-chose pour que je reprenne la compétition.

À partir de ce jour-là, je suis tellement enthousiaste que je me remets à m'entraîner à fond, non pas deux fois par semaine mais tous les jours. Je reprends les séances fraîche comme une débutante qui aurait une longue expérience mais ne serait pas encore usée par les entraînements et les régimes. Je suis si heureuse à l'idée de reprendre le haut niveau que je m'engage encore plus qu'avant.

Le seul souci, c'est que dans la salle de Marcel, contrairement à celle d'Aubervilliers, il n'y a aucune femme. J'ai du mal à trouver ma place. Bien que Marcel fasse de son mieux pour m'accompagner, les habitudes prises avec Saïd me collent à la peau.

J'étais tellement chouchoutée à *Boxing Beats* qu'ici je me sens délaissée. Je dois me fondre dans un groupe de boxeurs expérimentés. Je ne suis plus prioritaire. Je dois prouver que j'ai le droit d'être là et que je suis capable de bien boxer. Mais j'ai déjà donné. Je n'ai pas envie de me battre à nouveau ! Pas pour ça en tout cas. Je crois qu'à cette période, je n'ai ni la force ni l'envie de tout reconstruire.

Cette année-là, je passe beaucoup de temps à faire des allers-retours entre Aulnay où je vis et Aubervilliers où je travaille. Un jour ma voiture tombe en panne et j'ai un besoin urgent d'en acheter une autre. Comme je ne m'y connais pas du tout dans le domaine automobile, je demande conseil à Marcel qui me dirige immédiatement vers son fils, carrossier dans un garage. C'est comme ça que je rencontre Francky.

En réalité, je le connais déjà puisqu'il boxe dans le club de son père. Depuis plusieurs mois, on se croise, on se salue mais on ne s'est jamais adressé la parole. Il faut dire que le jeune homme est tellement concentré quand il s'entraîne qu'il ne parle à personne.

Depuis tout jeune, Francky accompagne son père à la salle. Il s'amuse avec le matériel et frappe inlassablement dans la poire de vitesse. Il imite les gestes des compétiteurs et est attentif à toutes les consignes que donne Marcel : « À mon signal, vous frappez et vous bougez. Toujours sur les jambes. Levez bien les mains ! » C'est à l'âge de 10 ans qu'il décide de devenir boxeur. Et naturellement, c'est son père qui le forme. Il fait plusieurs combats en amateur puis passe professionnel. Il arrête sa carrière à 28 ans pour devenir éducateur sportif. Boxeur très technique, Francky souffre surtout de marquer les coups, d'être systématiquement recousu et de mettre du temps à cicatriser après chaque combat. Un jour, il me dit qu'il ne veut pas finir défiguré. Il vit mal cette décision mais sait que c'est inéluctable.

À Aulnay, j'ai du mal à trouver des partenaires avec qui mettre les gants. Il n'y a pas de filles et les boxeurs sont beaucoup trop lourds. Marcel commence à se faire à ma présence, ça lui fait moins drôle de voir une femme sur un ring ! Il trouve toujours le temps de me prendre en leçon bien qu'il ait une équipe de boxeurs professionnels et amateurs très performants à gérer. Son club est réputé et il obtient de très bons résultats. Moi, je me greffe comme je peux à cette équipe.

Marcel a une hygiène de vie irréprochable qu'il prend soin de nous inculquer : manger sainement, se coucher tôt, éviter les sucreries. Cette ascèse qu'il transmet à son collectif explique certainement les bons résultats de ses athlètes. Mais ce n'est pas tout. Chaque séance est bien réfléchie. Il passe le plus clair de son temps à la salle. Et quand les entraînements sont finis, il s'installe seul dans le bureau et achève sa soirée au téléphone pour organiser les « mariages » des boxeurs en vue des prochains galas.

Après une saison à Aulnay, je suis pourtant décidée à reprendre la boxe à Aubervilliers. Plusieurs boxeuses expérimentées ont rejoint le club. Certaines sont en équipe de France, notamment Lucie Bertaud (qui deviendra championne d'Europe en 2007).

Je contacte donc Saïd pour lui demander si je peux revenir m'entraîner avec lui. Il me répond : « Bien sûr, Sarah, pour moi tu n'es jamais partie. » Au club d'Aubervilliers, je me sens chez moi. Avec mon ancien entraîneur, nous avons tellement l'habitude de travailler ensemble et nous avons une relation si forte que je suis de nouveau très vite en confiance. Un mois plus tard, après trois ans d'interruption, je réintègre l'équipe de France.

En plus de ma préparation avec Saïd, j'ai la chance de pouvoir m'entraîner au Team Lagardère, un centre de préparation physique pour sportifs de haut niveau. Quand j'arrive là-bas – c'est au stade Jean-Bouin de Paris XVI – les médecins me reçoivent pour me faire faire une batterie de tests. Il y a une drôle de machine qui s'appelle Arielle, c'est un logiciel d'entraînement innovant qui a été conçu pour le tennis. Mais les chercheurs du Team essaient de l'adapter à d'autres disciplines en faisant des séries de mesures.

Dans le grand gymnase sont disposées pas moins de vingt-quatre caméras dans tous les coins pour analyser nos mouvements. Je mets un coup dans le sac et hop, la machine indique à quel endroit de mon corps une déperdition de force est notable. Mauvaise rotation de la hanche, indique Arielle par exemple. Après chaque entraînement, on passe chez le kiné. J'expérimente même la cryothérapie.

J'ai aussi un préparateur physique, Laurent Lafitte, qui conçoit chacune de mes séances selon mes besoins. Et puis surtout, là-bas, il y a des sportifs de toutes les disciplines que je croise quotidiennement et toute l'équipe de France de tennis ! Je m'entraîne avec des champions, ce qui me donne confiance. Voilà une sorte de reconnaissance dont je n'ai pas l'habitude dans le milieu de la boxe féminine. Et j'ai de la chance : les autres sportifs paient ce dispositif mais pas moi, c'est en fonction des revenus, comme à la CAF ! Malheureusement, cette expérience géniale d'entraînement hyper pro et scientifique s'arrête en 2011 : le centre ferme parce qu'il n'est pas assez rentable.

15
Selon Francky

Francky : « La boxe, c'est vraiment une histoire de famille. Mon arrière-grand-père, qui s'appelait Marcel Denis comme mon père, a d'abord boxé en France, puis il est parti aux États-Unis. Mon grand-père, lui, n'a jamais pu boxer parce qu'il lui manquait une main, alors c'est mon père qui a pris la relève. C'était un bon boxeur avec un gros potentiel physique. Il a fait une belle carrière en boxe amateur avec près de soixante-quinze combats, après quoi il est passé chez les professionnels. C'était dans les années 1980. À son palmarès, il y a des défaites qui s'expliquent par des arrêts sur blessure. Il a eu plusieurs fois les arcades ouvertes.

À la fin de sa carrière, il est devenu entraîneur. Il avait vraiment l'œil et le doigté pour enseigner le *noble art*. Il a amené plusieurs boxeurs à très haut niveau. Les deux premiers, c'était John et Jean-Louis, deux amis qui boxaient en mi-lourds. Jean-Louis Mandengué s'est qualifié pour les Jeux d'Atlanta en 1996 avec seulement une vingtaine de combats amateurs. Du jamais-vu. Puis il est passé professionnel et est devenu deux fois champion de France. Quant à John Dovi, lui aussi a été plusieurs fois champion de France chez les amateurs et vice-champion du monde. Il a participé aux JO de Sydney en 2000 et il est aujourd'hui entraîneur de l'équipe de France de boxe.

Avec Sarah, on s'était déjà croisés sur le circuit boxe, dans des galas ou des compétitions, son visage me disait quelque chose mais j'avoue que je n'avais pas entendu parler d'elle en tant que boxeuse. En 2006, la boxe féminine, je ne connaissais presque pas et, sincèrement, le peu de combats que j'avais vus, je ne les trouvais pas très esthétiques. Bien sûr, l'impact physique est différent, la puissance des coups n'est pas la même que chez les hommes, mais ce n'est pas ça qui me gênait. Moi, je ne suis pas adepte de la boxe "boucherie", je préfère la belle boxe. Et justement, je trouvais que la boxe féminine, c'était techniquement un peu limite. Bon, c'est compréhensible parce que les boxeuses, à cette époque, n'étaient pas très encadrées, il n'y avait pas un énorme investissement de la part de la Fédération française. Après, forcément, des filles sortaient du lot, comme Sarah, mais je n'y prêtais pas trop attention parce que je n'avais pas souvent l'occasion de les voir combattre.

Mon père non plus n'était pas trop partisan de la boxe anglaise féminine. Déjà les coups chez les hommes, il n'aimait pas trop, alors pour les femmes encore moins. Il nous a toujours fait pratiquer une boxe de protection : bien lever les mains, travailler sa défense ; il ne voulait pas d'une boxe de bourrins, il avait appris de son expérience et il refusait que ses boxeurs aient la même carrière que lui. Il est de la génération qui considère que les femmes ne sont pas faites pour la boxe. Il ne supportait pas l'idée qu'une femme soit abîmée physiquement.

Alors que moi, je ne pense pas que le corps d'une femme soit davantage à préserver que celui d'un homme. Chacun fait ce qu'il veut. Quand mon père a vu que Sarah était impliquée, qu'elle s'accrochait, il a quand même accepté de s'en occuper.

Notre histoire avec Sarah commence vraiment en décembre 2006. C'est-à-dire pile au moment où elle reprend le haut niveau. Dès sa finale des championnats de France – en février 2007 à Vendôme – je suis derrière elle, je l'encourage. Elle devient vice-championne de France. Forcément, elle est un peu déçue, mais c'est déjà très bien vu qu'elle vient tout juste de faire son retour. En tout cas, l'entraîneur national, Frankie Lesage, sait qu'il va pouvoir compter sur elle.

Je conseille alors à Sarah de retourner chez Saïd, avec qui elle a ses marques. Mon père n'y voit pas d'inconvénient. S'ils ont du potentiel et que c'est bénéfique pour eux, ça ne le gêne pas que ses athlètes aillent voir ailleurs. Il ne se dit pas : "J'ai une petite pépite, je la garde pour moi." Il trouve que la place de Sarah est dans la salle où elle a commencé toute jeune et que ce n'est pas une mauvaise idée de retourner là-bas parce que ça va lui permettre de travailler avec d'autres filles alors que dans son club à lui, elles sont rares. »

16

Championnats d'Europe 2007

Je me prépare depuis des mois pour cette compétition. La gestion de mon poids est compliquée, je boxe en mi-mouches et, à chaque fois, je souffre pour perdre le dernier kilo. Je suis donc un régime draconien, je m'entraîne longuement, bien couverte pour suer le plus possible, puis je termine la séance par un sauna.

Le 10 octobre 2007, l'équipe de France féminine débarque à Vejle, au Danemark. Nous sommes huit : Virginie Nave, Saliha Ouchen, Lorna Weaver, Cindy Orain, Lucie Bertaud, Amélie Blary, Alexandra De Hutten et moi, accompagnées des entraîneurs nationaux Marc Beysserie et Frankie Lesage.

La ville est agréable avec sa rivière et ses kilomètres de rues piétonnes bordées de hêtres. À peine nos valises posées dans notre chambre d'hôtel, nous enfilons nos survêtements pour un footing de décrassage. Il nous faut décompresser et évacuer la fatigue du voyage. Le lendemain, dès six heures, nous sommes alignées dans la queue pour la balance et valider notre participation à ce championnat d'Europe.

Les combats se succèdent et je me hisse jusqu'en demi-finale. Une médaille assurée : c'est toujours rassurant de savoir que je rentrerai chez moi en étant au moins montée sur le podium. Il ne me reste plus qu'à en déterminer la couleur.

Je boxe la Roumaine Lydia Ion. Nous nous connaissons. Je l'ai déjà battue deux fois mais je sais que c'est une fille dure au mal. Peu technique, elle frappe tout de même comme une brute. Elle commet quelques fautes que je dois exploiter si je veux gagner. Il me faut être mobile et boxer intelligemment.

Je suis dans le coin bleu. Le gong retentit. Je boxe sur les jambes, fluide et rapide. J'enchaîne quelques coups puis me décale sur les côtés pour éviter ses répliques. Elle se jette sur moi et manque de précision. Heureusement, parce qu'elle fait mal. Je sens sa hargne à chaque direct que je bloque avec mes avant-bras. Je conserve ma stratégie et ça marche. Je gagne le premier round sans avoir été touchée. Je déroule pareil sur le deuxième. J'ai une large avance. Je reste concentrée car Lydia est motivée. Elle veut, tout comme moi, sa place en finale.

Le troisième round va démarrer. Au gong, je m'élance et balance une série qui fait mouche. Mon adversaire me regarde bizarrement. Je ne comprends pas pourquoi. Je sens quelque chose couler sur mon visage. De la sueur ? Je n'ai pourtant pas l'habitude de transpirer autant. Ma vue se trouble côté droit. Lydia me fixe. Sur le sol, je remarque des gouttes de sang. Mes chaussures sont tachées. Je passe mon gant sur mon visage et me rends compte que je saigne. Je suis ouverte à l'arcade. Comment est-ce possible ? Je n'ai pas pris de coup. Je sens que le scratch de mes gants est un peu tranchant. Le cuir est neuf. Quelle idiote, j'ai dû me couper toute seule en montant ma garde !

Je cache la plaie avec mon gant pour éviter que l'arbitre n'arrête le combat et me déclare perdante sur blessure. Il reste moins d'une minute trente. Je peux finir ce round. Il suffira ensuite que Frankie stoppe le saignement avec de la vaseline.

Le gong qui annonce la fin du troisième round retentit enfin. Frankie me retire le casque. Il regarde la plaie sans dire un mot. Il applique une compresse puis de la vaseline. On entend la cloche sonner légèrement à deux reprises. Les entraîneurs doivent sortir du ring. Le combat va reprendre dans cinq secondes. Je panique. Je demande à Frankie de me remettre rapidement le casque avant d'être disqualifiée. Il ne m'écoute pas. Il attrape mes gants pour me les retirer. Je comprends alors qu'il ne veut pas que je poursuive la bataille. Je me sens frustrée et humiliée. Je ne souffre pas trop, je sais bien que je serais en mesure de terminer le combat ; pourtant, c'est trop tard, j'ai perdu.

Étonnamment, je ne me préoccupe même pas de ma blessure mais des questions que vont me poser mes collègues et les jeunes dont je m'occupe à l'IMPro. Depuis que j'ai repris le haut niveau, je suis obligée de prendre des congés sans solde pour pouvoir participer aux compétitions. Le directeur de l'institut est conciliant, il accepte la situation, mais ce n'est pas simple. Quand je pars, je dois me faire remplacer, ce qui est perturbant pour les enfants que je prends en charge. La douleur montant et la fatigue amplifiant certainement mes émotions, l'idée de les retrouver lundi matin avec un œil au beurre noir me terrifie.

Je suis à peine descendue du ring que le médecin m'allonge sur une table pour me recoudre l'arcade. Je sens passer l'aiguille sous ma peau et tente de retenir mes sanglots pour ne pas le gêner. Il me rassure, m'explique que la cicatrice est légère et qu'elle ne se verra pas. Je repars avec une médaille de bronze qui ne suffit pas à m'apaiser. J'ai abandonné, j'ai honte.

À mon retour en France, il m'est impossible de retourner à la salle de boxe. Sans doute me faut-il un peu de temps pour que se dissipe mon sentiment d'humiliation. J'attends donc que la plaie se résorbe et qu'on m'enlève les fils avant de reprendre l'entraînement. Je ne donne plus signe de vie pendant quinze jours.

Mon corps affûté à 48 kilos n'est plus qu'un lointain souvenir. J'en ai déjà repris quatre. Frankie m'appelle pour prendre de mes nouvelles et m'annoncer que dans trois semaines je boxe au championnat de l'Union européenne. Trois semaines pour me préparer : c'est très peu mais j'ai envie de remonter sur le ring. Je retrouverai certainement la boxeuse roumaine. Je veux ma revanche.

Je retourne à la salle motivée comme jamais. J'enfile un gros sweat pour transpirer plus. J'ai quatre kilos à perdre et j'ai tellement de mal à faire ce foutu poids : 48 kilos, c'est ce que je pesais au collège ! À l'échauffement, je me mets face à la glace pour faire du *shadow*. J'aperçois à peine ma blessure, j'ai mis ma frange devant pour la dissimuler mais mes joues sont gonflées. Saïd s'approche de moi, il me regarde dans le miroir.

— Sarah, c'est trop juste.

Je continue de faire du *shadow* sans rien dire.

— Ça fait quinze jours que tu ne t'entraînes plus, la compétition est dans moins de trois semaines, ça sert à rien ce que tu fais. Tu n'y arriveras pas. Tu n'as rien à prouver, Sarah !

J'ai tout à prouver au contraire. J'ai déjà perdu en finale des championnats de France puis encore à Vejle, déclarer forfait me serait insupportable.

Je le fixe dans le reflet du miroir. Il comprend.

Le stage qui précède le championnat de l'Union européenne se déroule dans le parc d'Olhain dans le Pas-de-Calais. J'en suis à mon troisième footing de la journée et à chaque fois c'est la torture. Une heure de souffrance, couverte de plusieurs épaisseurs pour suer. J'ai du mal à perdre les derniers grammes. Je ne transpire plus. J'ai la bouche asséchée. Je suis épuisée. À cinq heures du matin, je trouve encore le courage de me lever pour éliminer ces foutus grammes en trop.

Je sors de ma chambre et me glisse dehors en passant par une sortie de secours qui donne directement dans le bois du parc de loisirs. Casque sur les oreilles, je mets la musique à son maximum pour éviter de penser à cette forêt sombre et aux bruits inquiétants. J'emprunte un chemin boueux. La lune éclaire un peu mes pas. J'allume la lampe de mon téléphone pour voir où je mets les pieds. Mais je commence à paniquer. Seule dans ce bois, je préfère faire demi-tour.

Le lendemain au petit déjeuner, le responsable du parc nous interpelle.

— Eh, les filles, venez voir ce que j'ai dans ma camionnette !

Nous découvrons trois renards morts.

— Je les ai chassés cette nuit dans la forêt. Ils ont la rage. Il faut éviter d'y aller, il y en a plein qui rôdent en ce moment.

Je ne dis rien de mon escapade nocturne et retourne finir ma tasse de thé.

Le jour J, à Lille, je monte sur la balance. Je retiens ma respiration comme si ça allait me permettre de gagner quelques grammes. L'écran digital affiche tout juste 48 kilos. C'est bon, ça passe. Place au tirage au sort maintenant.

Contre toute attente, c'est sans difficulté que j'arrive en finale. Je retrouve Lydia, la boxeuse roumaine. Double objectif : prendre ma revanche sur elle et décrocher la ceinture.

Je monte sur le ring, déterminée. Toujours la même tactique avec cette boxeuse bulldozer : être mobile et rapide, ne jamais rester face à elle, la surprendre par des séries courtes et vives.

Le gong retentit.

Je déroule comme prévu. Ça passe. Premier round gagné. Le deuxième aussi. Puis la décision vient. Je gagne à l'unanimité des juges. J'ai le sentiment du devoir accompli. Je monte sur le podium et on m'enfile la ceinture. Championne de l'Union européenne, je chante *La Marseillaise*. J'en ai des frissons.

Quelle fierté et quel soulagement !

17
Démission

À l'IMPro, j'encadre un groupe d'enfants de 10 à 14 ans. Au début, comme à chaque fois, j'ai pensé que je n'allais pas m'en sortir, mais finalement ça se passe bien, j'aime ce que je fais. Le problème, c'est qu'ayant repris le haut niveau, je suis accaparée par la boxe. Mon sport et mon métier deviennent rapidement incompatibles. D'autant que je suis souvent en congés sans solde, ce qui ampute largement mes revenus. Mon salaire à temps plein étant de 1 300 euros, je dois souvent me contenter de 650. Une fois payé mon loyer, il ne me reste quasiment rien, alors je suis contrainte de faire du soutien scolaire pour gagner un peu plus.

De toute façon, à peine suis-je recrutée sur ce premier poste que je me dis que je n'y resterai pas longtemps. La perspective de passer quarante ans dans la même classe du même institut médico-professionnel m'est insupportable. Je sais que je finirai par faire mon travail de façon machinale, que les habitudes émousseront mes capacités de création, que rapidement je ne serai plus dans la recherche ou la construction avec les enfants mais dans la répétition. Je n'ai pas besoin d'observer mes collègues plus âgés pour le comprendre. Au bout de quelques mois, je commence déjà à sentir que les formes de confort que ceux-ci me vantent et que d'autres peuvent nous envier – les vacances scolaires, les mercredis après-midi, la garantie du poste – ne seront pas des compensations suffisantes à la monotonie et à l'ennui. J'ai la même angoisse que quand j'étais enfant : je me méfie des chemins tout tracés. Et le même désir : inventer ma vie.

Dans ma profession, rien n'incite à changer d'emploi. Au contraire, quand on reste longtemps au même endroit et qu'on postule ailleurs, notre ancienneté n'est pas reprise. Beaucoup de mes collègues qui ont dix ou quinze ans d'expérience sur le même poste et qui cherchent à partir ne le peuvent pas parce qu'ils perdraient une part substantielle de leur salaire. Cela me conforte dans ma décision de ne pas rester plus de trois ou quatre ans à l'IMPro. Je pense donc rapidement à la suite et aussi à un moyen d'articuler mon métier d'éducatrice avec la boxe.

Au bout d'un an, je démissionne de l'IMPro. C'est un choc pour mes collègues. Ils pensent que je suis folle de quitter un CDI, que j'ai eu beaucoup de chance d'obtenir un emploi après mon diplôme et que j'aurai du mal à trouver l'équivalent parce que très peu de postes se libèrent. Ils me mettent en garde, me disent que je vais le regretter. Mais non, je ne le regretterai pas.

Je propose alors à Saïd de l'aider à développer la dimension sociale et éducative de *Boxing Beats*. Il accepte immédiatement parce que lui aussi considère que la boxe peut être un support à l'éducation. Il a déjà pensé créer quelque chose de ce type mais comme il gère tout tout seul – la totalité des entraînements et la partie administrative –, il n'a pas le temps de mettre un tel projet en place.

À l'époque, le système des « emplois tremplins » permet au club de m'embaucher grâce à des aides financières versées par l'État. C'est idéal pour moi : je travaille et m'entraîne au même endroit ! À *Boxing Beats*, Saïd se consacre à sa fonction de coach et je m'occupe un peu de tout : secrétariat, comptabilité, développement des projets extra-sportifs, recherche de partenaires, de sponsors, etc. Je monte ainsi des ateliers avec le théâtre de la commune qui se trouve à quelques mètres de la salle et continue d'aider les apprentis boxeurs à faire leurs devoirs.

Avec Francky, notre rêve serait de créer une ferme pédagogique. On voudrait acheter un grand terrain, des bâtisses et héberger des gens pour des stages plus ou moins longs. On l'imagine comme un lieu de vie axé sur le sport et le bien-être. On proposerait des entraînements de boxe à toutes sortes de gens : des handicapés physiques et mentaux, des PJJ – jeunes relevant de la protection judiciaire de la jeunesse. Toutes sortes de gens que la vie n'aurait pas destinés à monter sur un ring.

Je me renseigne, on m'explique que pour monter une telle structure, il faut avoir 30 ans, cinq ans d'expérience dans le social et passer un concours de directeur d'établissement. Je n'ai que 26 ans et je ne me vois pas attendre quatre ans sans rien faire. Je me dis qu'il faut que je trouve un moyen de reprendre mes études afin de me préparer à ce fameux concours.

Je découvre qu'il existe un cursus réservé aux sportifs de haut niveau à Sciences Po. Je suis sûre qu'une telle formation pourra me servir dans mon projet de ferme pédagogique. Je réussis le concours d'entrée en septembre 2008. Quand j'annonce la bonne nouvelle à ma mère, elle me dit : « C'est quoi, ça, Sciences Po ? » Elle n'en a jamais entendu parler, ce qui ne m'étonne pas.

Quand j'étais au lycée, les meilleurs élèves allaient à la fac à Saint-Denis ou à Bobigny, il ne venait à l'idée de personne de tenter d'entrer dans une grande école. Moi, je suis très fière. J'ai réussi ce qui est censé être impossible pour une fille de mon milieu.

J'ai quand même une crainte de taille : celle d'échouer. Je sais que le niveau des études est élevé, que ce cursus demande beaucoup de travail et, avec la boxe, je n'ai pas beaucoup de temps.

Mais les profs de notre groupe d'athlètes nous rassurent tout de suite. Ils nous expliquent que la pratique du sport de haut niveau n'est pas un handicap mais un atout. Ils n'ont pas tort. Je me rends vite compte que mon énergie et mon endurance de sportive me permettent de surmonter la charge de travail. Je n'ai qu'à transposer le schéma mental qui m'a permis de réussir en boxe pour réussir dans mes études : discipline, effort, concentration sur un objectif précis, capacité à écarter tout ce qui ne concourt pas à la réalisation dudit objectif. Se préparer à un championnat de France ou à un examen en marketing est assez similaire finalement, j'ai donc toutes mes chances.

Ce qui me facilite les choses, c'est aussi qu'en tant que sportive en reprise d'études, j'ai la possibilité de construire mon programme de cours comme je l'entends : c'est très souple. Par ailleurs, des enseignants-tuteurs m'aident quand j'en éprouve le besoin et nous travaillons à distance quand je suis en compétition. Pendant un an, je m'initie à la finance, au marketing, à la communication, mais aussi à l'étude des médias.

Cela peut sembler étonnant de travailler de telles disciplines en vue de créer une structure sociale, mais j'imagine que ça m'aidera au moins à trouver des financements et que, quoi qu'il arrive, ça me servira. De fait, j'apprends très tôt à prendre la parole en public (ce que je n'avais jamais fait !) et à travailler en équipe.

Dès la rentrée, je fais la connaissance de Michaël Jeremiasz. Nous sommes dans le même groupe à Sciences Po et on se croise aussi au Team Lagardère. Sept ans auparavant, il a été victime d'un accident de ski et est devenu paraplégique. Il est joueur de tennis en fauteuil roulant et a déjà remporté deux médailles aux Jeux paralympiques. On vient de deux mondes complètement différents. Lui habite Boulogne, ses parents sont médecins, il est de confession juive, on n'en devient pas moins amis.

Je comprends, pour y avoir été confrontée à ma manière, quelle force il lui a fallu pour surmonter les épreuves qu'il a endurées, à quel point il a dû faire fi de ce que pouvaient penser les gens de lui pour trouver la force d'avancer. Même s'ils ne sont pas tout à fait comparables, son handicap physique et ce que je pourrais appeler mon handicap social ou familial nous rapprochent. Il y a une chose que nous savons intimement tous les deux : pour que la souffrance s'atténue, il faut se concentrer sur autre chose (sur la boxe, le tennis, les études, etc.). Mais si on veut vraiment que cette concentration ait un effet, elle doit être à la hauteur de cette souffrance, c'est-à-dire aussi constante et intense qu'elle. Sinon, on sombre.

Cette première année, Jean-Claude Legal, mon tuteur, me soutient dans l'élaboration de mon projet de ferme pédagogique. Il m'oriente vers des cours de marketing et surtout vers un séminaire d'initiation à l'entrepreneuriat à l'occasion duquel je fais une rencontre déterminante : celle de Jacques-Henri Eyraud. Aujourd'hui il est président de l'Olympique de Marseille, mais à l'époque il est P-DG de Turf Éditions, groupe de médias dédiés aux paris hippiques et sportifs. Il nous fait rencontrer des chefs d'entreprise comme Michel et Augustin ou Hapsatou Sy, une jeune femme créatrice d'un réseau de salons de beauté. Mon objectif initial de monter un centre social se réoriente peu à peu jusqu'au moment où il devient évident que je veux créer une entreprise. J'abandonne alors mon idée de passer le concours de directeur d'établissement social.

Un jour, Jacques-Henri Eyraud lit par hasard une interview de moi dans le magazine *Medef 93*. Il découvre que je suis une de ses élèves. On est deux cent cinquante dans son séminaire, il n'y a donc rien d'étonnant à ce qu'il ne me connaisse pas. Le lendemain, il m'envoie un e-mail pour me dire qu'il aimerait bien discuter avec moi et me donne rendez-vous à la fin de son cours.

Je le rencontre et il me dit : « Voilà, j'ai vu que vous faisiez de la boxe, moi j'ai été champion de France de taekwondo mais j'ai arrêté pour faire des études à Harvard. » Il m'explique qu'il est encore très sportif, qu'il court le marathon et qu'il aimerait bien se mettre à la boxe. Je suis intimidée mais aussi flattée qu'il s'intéresse à mon sport et à moi. Je lui propose donc de venir s'entraîner à *Boxing Beats*, ce qui lui va puisque les bureaux de Turf Éditions se situent tout près de la salle. Le problème, c'est que les horaires ne lui conviennent pas : il ne peut s'entraîner que très tôt le matin. J'en discute avec Francky qui me dit : « C'est simple, je vais le prendre en entraînement le matin. » L'affaire est réglée mais une idée me vient. Pourquoi ne pas proposer à Jacques-Henri Eyraud de nous aider à développer notre projet d'entreprise ? Un échange de bons procédés en quelque sorte : cours de boxe contre coaching. Il ne fait pas de conseil habituellement, néanmoins il accepte.

Pendant un an, je le vois donc tous les jeudis avant ou après ses cours et il m'apporte énormément. Ce qui me marque chez lui, c'est son audace et ses talents de stratège. Il m'incite à être ambitieuse et aussi à avoir toujours un coup d'avance. Un jour il me demande : « Tu te vois comment dans cinq ans, dans dix ans, dans vingt ans ? Tu veux en faire quoi au juste de ton entreprise ? Tu voudras la vendre ou continuer ? Et qu'est-ce que tu veux faire dedans ? Tu veux y travailler ou la diriger ? Comment tu veux t'entourer ? » Il m'amène à me poser des questions qui ne me seraient pas venues sans lui.

Au gré de nos rendez-vous, la forme de mon entreprise se dessine et d'abord ma mission. Ce que je souhaite avant tout, c'est démocratiser la boxe. Faire découvrir ce sport – encore largement méconnu et qui m'apporte tant – à des personnes qui n'auraient jamais eu l'idée d'en faire pour leur prouver à quel point il peut être source d'épanouissement. Je réalise aussi, grâce à Jacques-Henri Eyraud, que mon projet de ferme pédagogique n'était pas viable. D'abord je n'avais pas les fonds pour l'acheter et une telle structure aurait exigé que je m'y investisse à 100 %, ce qui aurait été impossible. À la place, j'envisage de créer une petite société qui proposera des cours de boxe et des conférences en entreprise. Je pourrai facilement la faire fonctionner avec Francky et poursuivre mes autres activités en parallèle.

Jacques-Henri Eyraud me répète toujours : « Dans ton sport, tu as de l'ambition, non ? Eh bien dans l'entrepreneuriat, c'est pareil, il faut être tout aussi ambitieuse ! Et surtout, pense que c'est d'abord ta personne qui compte avant ton projet. Les investisseurs, les clients, tu vas les séduire par ton parcours et ta personnalité qui sont hors du commun ! »

Il m'encourage aussi à créer mon réseau. Je n'évolue que dans le petit monde de la boxe et je n'en ai aucun. J'apprends donc à aller vers les autres pour présenter mon projet d'entreprise, ce que je n'avais jamais fait. J'organise même quelques déjeuners d'affaires avec des personnes susceptibles de me présenter des clients : des coachs professionnels par exemple qui interviennent déjà en entreprise. Dans 90 % des cas, tout cela ne débouche sur rien, mais ce n'est pas grave, ce sont de belles rencontres.

La formation spécifique pour les athlètes ne durant qu'un an, je décide de poursuivre en master communication pour deux années supplémentaires. J'appréhende un peu de quitter l'entre-soi sportif. Je crains que les élèves « classiques » de Sciences Po ne me prennent de haut, moi la petite boxeuse du 9-3. Ce n'est pas le cas, ils sont très impressionnés par mon parcours et je suis bien accueillie.

En master, le séminaire « Stratégie d'entreprise » me conforte dans ma décision d'entreprendre. On nous demande de décrypter les stratégies commerciales de gros groupes comme La Poste ou Total. Il s'avère que j'adore ça ! J'y trouve des similitudes avec la boxe où il faut savoir lire dans les comportements des autres pour les anticiper. Il me paraît clair en tout cas que, contrairement à ces grosses sociétés qui s'affranchissent parfois des valeurs morales au profit de l'argent, ma petite entreprise restera proche des gens.

18

China girl

Le 14 novembre 2008, après treize heures d'avion et une escale à l'aéroport de Canton, mes cinq camarades de l'équipe de France et moi débarquons à Ningbo, ville portuaire de 7 millions d'habitants. C'est une époque où nous remportons beaucoup de victoires. Après de timides débuts, les filles commencent à avoir de l'expérience. Saïd nous rejoint pour l'occasion, ce qui est rare puisque seul Aldo Constantino, l'entraîneur national, est habilité à nous encadrer lors des compétitions à l'étranger. Nous avons pris la précaution d'arriver dix jours avant le début des cinquièmes championnats du monde afin d'habituer nos corps au décalage horaire, au climat et à la nourriture.

Un taxi nous conduit jusqu'au New Century Grand Hotel. Un cinq-étoiles. On s'installe à deux par chambre. Je partage la mienne avec Saliha Ouchen qui, écouteurs sur les oreilles, se repose sur son lit. J'essaie d'appeler Francky mais la ligne est occupée, je savais qu'il serait compliqué de le joindre depuis un pays comme la Chine qui verrouille ses communications. Il aurait bien aimé m'accompagner mais on n'avait pas l'argent pour payer son billet d'avion et, de toute façon, au garage, son patron ne lui aurait pas accordé toute une semaine de congés.

J'allume l'ordinateur que j'emporte toujours avec moi pendant les compétitions mais je ne parviens pas davantage à me connecter à Internet. Alors, j'ouvre le dossier « Barack Obama » et je travaille un peu à l'introduction du devoir que je dois rendre, dès mon retour de Chine, à M. Legal, notre directeur pédagogique à Sciences Po, dans le cadre du séminaire « Découverte du monde contemporain ». « Les journaux du monde ont salué la victoire de Barack Obama, élu 44e président des États-Unis le 4 novembre 2008… »

Le soir, au restaurant, nous hésitons à goûter le ragoût du jour. Des morceaux de viande non identifiés flottent dans un liquide brûlant. Nous croyons reconnaître du poulet mais nous n'en sommes pas sûrs. À la table voisine, un homme se tourne ostensiblement vers nous en coassant. Ce n'est pas un comique local mais un Chinois bien intentionné qui, ne parlant pas l'anglais et encore moins le français, tente de nous faire comprendre, par son imitation de batracien, que ce que nous nous apprêtons à déguster est du crapaud. Je repousse discrètement mon entrée sur le côté. Le plat de résistance se révèle moins mystérieux : des pattes de poule baignant dans de la sauce tomate sont bien reconnaissables à leurs ongles longs et recourbés. Prétextant un subit dérangement gastrique, je propose mon assiette à Saïd qui l'accepte, peut-être parce qu'il n'a pas eu le loisir d'entrevoir, comme mes collègues de l'équipe de France et moi, au gré de nos tournois à l'étranger, toute l'inventivité gastronomique dont l'espèce humaine est capable.

Pendant les trois semaines que dure notre séjour, nous nous contentons de riz blanc, de fruits, de thé vert et de la nourriture que la douane nous a autorisés à importer sur le territoire chinois : des biscuits et des barres de céréales essentiellement. La nuit, je rêve de yaourts, de roquefort et de bonnes grillades. Si par chance elles parviennent à les contacter, certaines de mes coéquipières supplient les membres de leur famille qui ont prévu de les rejoindre à Ningbo de glisser des boîtes de sardines ou de thon dans leurs bagages limités à 21 kilos.

Quand la Fédération internationale de boxe propose un championnat, le forfait, qui comprend l'hôtel en pension complète et la participation à la compétition, s'élève en général à 120 dollars par jour et par personne, forfait pris en charge par la Fédération française. Ce tarif ne préjuge en rien de la qualité des prestations, qui varie beaucoup d'un pays à l'autre. En Chine, l'hébergement est souvent luxueux mais la nourriture médiocre. En Roumanie ou en Bulgarie, les hôtels sont la plupart du temps miteux mais on y mange bien. On ne sait jamais à l'avance comment ça va se passer, alors on s'adapte.

Presque toutes les boxeuses de la compétition étant logées au même endroit, notre hôtel de luxe prend rapidement des allures de camp d'entraînement. Les clients croisent à toute heure du jour et de la nuit des filles en short et débardeur s'échauffant partout où elles le peuvent – essentiellement dans les couloirs parce qu'ils sont bien chauffés et font la longueur idéale pour effectuer des allers-retours de corde à sauter !

La ville, que nous prenons à peine le temps de visiter, met évidemment un gymnase à notre disposition, mais nous sommes deux cent trente-sept participantes issues de quarante-quatre nations différentes. Impossible d'en profiter toutes en même temps. Les organisateurs, qui font bien les choses, ont punaisé un planning dans le hall de l'hôtel où sont précisés, pour chaque pays, les horaires d'utilisation du centre sportif. Samedi 15 novembre de seize à dix-sept heures : France, Corée du Nord, Pologne, États-Unis, Philippines, Irlande. C'est un bus affrété par la municipalité qui nous y conduit.

Comme je me suis déjà beaucoup entraînée avec mes camarades françaises, ce n'est plus très productif. Il est préférable que je m'exerce avec des adversaires différentes : une gauchère, une droitière, une fougueuse qui me rentre dedans, une petite, une grande, etc. Aldo Constantino s'arrange avec les équipes des autres nations pour me trouver des partenaires. Mais comme il est peu recommandé de mettre les gants avec des filles que je suis susceptible de rencontrer lors des combats officiels, je me prépare avec celles qui sont de catégorie inférieure ou supérieure à la mienne (48 kilos).

À cette occasion, je retrouve des boxeuses que j'ai rencontrées lors de stages. La Fédération française organise souvent des semaines d'entraînement avec des pays comme l'Italie, la Roumanie, la Bulgarie ou le Maroc. Celles-ci s'achèvent par un gala (un pays à pays) où un seul combat est organisé entre filles de même catégorie. Des liens finissent par se créer entre nous et même une certaine solidarité lors de la phase de préparation. Une fois sur le ring, c'est différent : il n'y a plus de sentiment.

Cette séance d'entraînement est l'occasion de repérer les défauts et les qualités de mes adversaires potentielles, mais dans le gigantesque gymnase, l'« espionnage » est réciproque si bien que je redouble de vigilance, je ne montre pas tout ce que je sais faire.

Lucie Bertaud souffre d'une bronchite et de fortes douleurs au coude. Elle s'approche de moi l'air découragée.

— T'as vu la fille qui est sur le ring là, elle est super impressionnante ! C'est la seule amateur qui met des K-O.

— Oui, je la connais, c'est Katie Taylor.

— Trois fois championne d'Europe et championne du monde, rien que ça !

— C'est une 60 kilos comme toi. Tu l'as déjà boxée ?

— Ouais, malheureusement, à mon premier championnat d'Europe en plus ! J'ai pris un coup de tête phénoménal ! Mon nez a triplé de volume, du coup j'ai eu une lésion nasale, laisse tomber ! Si je dois boxer avec elle, ça va pas le faire ! Et toi, t'en as repéré des dangereuses ?

— Toutes, elles sont toutes dangereuses.

Je sens que l'on m'épie, je n'aime pas ça, c'est le jeu pourtant, je le sais bien, je l'accepte depuis des années, ainsi que cette tension de l'avant-combat qui commence à monter. Je ne sais pas si je l'apprécie : c'est ambigu. Elle est le signe que je me concentre pour arriver au bout de ce championnat qui va être long et compliqué. Je jette un regard panoramique sur toutes ces filles qui ont la même envie, qui veulent toutes la médaille d'or, même si on sait toutes que deux cent vingt-quatre sur deux cent trente-sept vont repartir déçues. Peut-être que je déteste ces intensités négatives, ce mal que je m'inflige ; c'est pourtant toujours la même chose : est-ce que je me sentirais exister sans cela ? Sans cette douleur interne qui est aussi la promesse d'un immense bonheur si je monte sur le podium ? Aujourd'hui, samedi, il est onze heures en France. Dans une vie normale, comme des millions de gens, je pousserais mon caddy dans un rayon de supermarché et peut-être que ça me ferait plus mal encore. Mais moi je suis en Chine, à l'autre bout du monde, et maintenant je peux le dire, Samir, j'ai une vie fabuleuse !

19

Allô, allô ?

Comme les temps d'entraînement sont limités, tous les endroits de la ville offrant suffisamment d'espace et de tranquillité sont bons pour nous. Le soir ou le week-end, quand il est désert, des dizaines de boxeuses investissent le parking du Carrefour – le groupe de grande distribution est bien implanté en Chine – pour exécuter fentes, squats, pompes, *jumping-jack* ou encore *burpees*.

Au bout d'une dizaine de jours, la compétition officielle démarre. Dans les chambres et les couloirs de notre hôtel qui s'est métamorphosé en camping, du linge est suspendu un peu partout sur des fils fabriqués avec nos bandes de boxe. Excepté ceux qui se prennent de passion pour notre sport, la plupart des touristes quittent les lieux sans regrets.

Comme chaque soir depuis notre arrivée, en tailleur sur le lit de ma chambre, je compose le numéro de Francky dans l'espoir que la communication téléphonique passe enfin.

— Allô, Francky ? Ça fait quatre jours que j'essaie de te joindre ! C'est bon, je vais en finale ! Ça n'a pas été simple, déjà il y a eu le tirage au sort et boum, je tire contre une Norvégienne. Alors là, tu vois, je me suis dit : « Je vais quand même pas rentrer dans la compète et en sortir dès le premier jour, c'est pas possible ! » La fille, elle était agressive, une blonde qui avait les cheveux teints en noir, un peu gothique, impressionnante. Je l'avais déjà vue sur les tournois, je l'avais jamais boxée et là, je l'ai battue ! Le deuxième combat, c'était contre… attention son nom est très compliqué… Myagmardulam Nandingtsentsen, une fille de Mongolie. Elle, je la connaissais pas, c'était une gauchère, très fuyante, mais une fois que j'ai réussi à la cadrer, tous mes coups sont passés. Allô, Francky ? Ça coupe, tu m'entends, Francky ?

Je sors de ma chambre en trombe et, sans même penser prendre l'ascenseur, me rue dans l'escalier jusqu'au rez-de-chaussée où se trouve une cabine téléphonique miraculeusement libre.

— Allô, Francky, tu m'entends ? Je t'appelle d'une cabine dans le hall de l'hôtel parce qu'avec mon portable, ça passe pas. Ouais, les quarts, c'était mardi, j'étais hyper tendue parce que tu sais comment c'est en quarts, soit on l'emporte, soit la médaille nous passe sous le nez et c'est horrible. La Canadienne que j'ai boxée, elle l'avait mauvaise, je suis vraiment allée la chercher. J'ai réussi à placer des *jabs*, j'attaquais, je touchais, je désaxais un petit peu et je revenais tout de suite dès que je sentais que j'avais l'ascendant. J'ai pas fait l'erreur de la toucher et de repartir direct. Tu vois là, je me suis dit : « Il faut aller la chercher cette médaille, faut pas la lâcher la fille ! » T'aurais vu Aldo et Saïd, ils étaient hyper contents ! Et donc je passe en demi. Et là je rencontre une boxeuse suédoise que je connais très bien,

Jenny Hardingz, je t'en ai déjà parlé, c'est un peu ma bête noire, je l'ai rencontrée souvent sur des tournois et en plus Aldo peut pas blairer son entraîneur ! C'est une fille hyper arrogante, rien qu'à l'entraînement faut voir comment elle me prenait de haut, je l'apprécie pas du tout. Et tu sais comment elles sont ces filles de l'équipe de Suède, elles arrivent avec tout leur staff, leur coach mental et tout et tout ! Je crois qu'ils nous prennent vraiment pour des petits joueurs, mais je l'ai battue, voilà, et après-demain, c'est la finale ! Je boxe une Chinoise, c'est chaud… Francky ? Tu m'entends, Francky ?

20

Et finalement…

Chine : 3, France : 0.

— Bande de voleurs, bande de voleurs ! Putain, c'est des voleurs, allez vous faire foutre ! Bande d'enfoirés ! Ils marquent pas, ils marquent pas, ils veulent pas marquer !

Je n'entends pas Saïd hurler.

Je suis concentrée, j'ai le sentiment de dominer et la petite Chinoise sent bien qu'elle perd. Les juges ne comptabilisent pas mes points et pire, quand c'est moi qui lui mets un coup, ils lui en donnent un. J'entends juste Aldo, dans le coin, qui me dit à la fin des premiers rounds :

— T'es en retard, Sarah, t'es en retard de trois points !

Quand j'ai appris que je boxais une Chinoise, je me doutais que ce serait difficile parce qu'on est en Chine, je me suis dit qu'il faudrait en faire plus que d'habitude pour l'emporter, mais là, c'est carrément de l'escroquerie, c'est flagrant !

Et moi, je continue de boxer, je ne vais pas arrêter le combat sous prétexte que je pressens qu'ils trichent, parce que j'y crois au fond, je sens que c'est encore possible, je fais le boulot jusqu'au bout et même si je sais qu'ils me volent, je ne vais pas abandonner, c'est hors de question ! Je ne sais pas si mon adversaire est au courant que, de toute façon, elle va gagner. Nous, les boxeuses, nous ne sommes que des pions, et de ce point de vue, avec la Chinoise, nous sommes à égalité. Les arrangements se font au niveau de la Fédération internationale. Qu'est-ce qu'il se passe exactement ? Inutile de mener une enquête approfondie pour le savoir : les Chinois organisent le championnat, alors il faut qu'ils repartent impérativement avec des médailles.

Je descends du ring et, de mon côté, je n'ai pas de regrets, je sais que j'ai tout donné. Saïd, à la fin du combat, pète un plomb mais il n'y a plus rien à faire, on ne fera pas de réclamation, ce n'est pas autorisé.

— Tiens, tiens, mes couilles, c'est pas vrai qu'elle a gagné la Chinoise ! Ils ont pris des thunes, les juges ! C'est ça, vous avez pris de l'argent ! Hou ! Hou ! Enfoirés !

Je ne pensais pas qu'une chose pareille pouvait arriver sur une finale de championnat du monde. Juste avant de partir en Chine, une journaliste m'a interviewée : « Quel est votre objectif, Sarah ? » J'ai répondu que j'aimerais au moins mettre un pied sur le podium, au moins avoir la médaille de bronze. Et quand je suis arrivée sur cette finale, j'étais super heureuse, je n'aurais jamais pensé aller aussi loin ; hélas j'étais naïve, je n'avais pas envisagé l'option du vol…

J'ai envie de pleurer quand je monte sur la deuxième marche du podium, je les laisse faire quand ils me passent la médaille d'argent autour du cou, pourtant j'aurais bien envie de leur balancer mon trophée dans la gueule, d'enfiler de nouveau mes gants et de leur balancer un bon direct en pleine poire. Je reste calme, respectueuse de cette cérémonie complètement fantoche. Est-ce parce que je suis habituée depuis toute petite à tenir bon dans le désordre environnant ?

Ce n'est pas vrai que je suis naïve, j'ai toujours su qu'on pouvait me voler, que ceux qui édictent les règles des compétitions de boxe sont aussi les mieux placés pour les bafouer, que les mesquines négociations entre puissants – qui se moquent des efforts des athlètes – sont le socle même du jeu auquel j'accepte de collaborer depuis tant d'années.

Est-ce que je l'ai oublié le temps de ce championnat du monde parce qu'il est impossible de participer à une telle compétition internationale à moitié – un pied dedans, un pied dehors –, parce qu'il faut se donner à 200 %, comme aiment le dire les sportifs dans les interviews comme s'il leur fallait quantifier, mesurer, évaluer par un pourcentage, aussi farfelu soit-il, l'investissement de tout leur être, le geste sacrificiel par lequel ils se livrent corps et âme aux instances internationales qui régissent leur sport ?

Eh bien non, je ne l'ai pas oublié. Il faut bien que j'ose le reconnaître alors que chancelante je retourne aux vestiaires, j'ai tout aimé dans ce sport que j'ai pris en bloc, pas seulement les milliers d'heures d'entraînement qui m'ont conduite à discipliner mon corps et à gagner sur les rings, mais aussi les puissances occultes qui depuis le jour de mon premier combat président à son organisation.

Je ne suis qu'un pion et c'est un terrible aveu que j'ose me faire à moi-même alors que je m'effondre, tête dans les paumes, sur un petit banc de bois. J'ai pris plaisir à être ce pion que déplacent, au gré d'intérêts financiers et politiques qui me dépassent complètement, les gros bonnets des fédérations de boxe.

Ce qui soudain se révèle, c'est non seulement ce rapport trouble avec ceux qui viennent de me voler ma victoire, mais aussi la fierté de monter sur le podium dans mon survêtement France au son de l'hymne national.

— Sarah ? Ça va, Sarah ?

Saïd m'appelle derrière la porte des vestiaires, il faut que je me redresse, que je lui réponde, que j'en finisse avec mes élucubrations. Je n'ai jamais rien eu à voir avec ces escrocs des instances internationales, je ne les ai même jamais croisés. Ils ne représentent en rien la boxe que j'aime, le *noble art*, celle que je défendrai toujours parce qu'elle a changé ma vie.

— Ça va, Saïd, ça va.

Mais quand même, si j'avais eu besoin de me sentir adoubée par eux ? Par ces puissants mafieux ? Non, décidément, ça n'a pas de sens. C'est la culpabilité que je ressens – alors que je ne suis pour rien dans cet échec – et l'épuisement qui me font penser des choses pareilles. Depuis 1999, j'ai été prise dans le tourbillon de la compétition. Et ce qui est certain, c'est que j'ai adoré la boxe – pas ses prédateurs.

Les cheveux enturbannés dans ma serviette, je sors de la douche et je rejoins Saïd.

21
Le colis

« Salut, Sarah, j'ai vu que tu étais numéro un de ta catégorie, tu sais si la Chinoise est suspendue ? »

« Salut, Stella, merci pour l'info, je ne suis au courant de rien !! »

Je reçois ce message de Stella, une copine boxeuse de Marseille, en août 2009 – soit neuf mois après la fin des championnats du monde – sur le blog que j'ai créé pour communiquer sur mes résultats.

Après vérification à la page « Classements » du magazine officiel de la Fédération internationale – que ma camarade a la gentillesse de m'envoyer par e-mail –, il apparaît que la Chinoise que j'ai combattue en finale a été contrôlée positivement pour dopage dès sa descente du ring ! Elle est suspendue pendant deux ans, je suis donc officiellement championne du monde 2008.

Le problème, c'est que personne ne m'en a jamais rien dit.

Je reçois ce message de Stella alors que je suis en déplacement en Ukraine, accompagnée de Saïd pour un stage avec l'équipe de France. Humbert Furgoni, le président de la Fédération française de boxe, et Jacqueline Mairesse, présidente de la commission nationale de boxe féminine, sont là aussi, ce qui est exceptionnel. Les cadres de la Fédération voyagent très peu avec les sportifs et encore moins avec les sportives qu'ils ne tiennent pas en très haute considération.

Je préviens immédiatement Saïd et me renseigne auprès de la Fédération internationale. On me confirme la suspension de la Chinoise pour dopage mais, chose plus troublante, on m'explique que M. Furgoni en a été informé dès la fin des championnats du monde. Mon entraîneur et moi sommes stupéfaits. Que la Chine veuille à tout prix remporter la compétition qu'elle organise – en dopant ses athlètes et en volant leurs adversaires – est déjà dément, mais que la France néglige d'informer une de ses boxeuses qu'elle est championne du monde, cela devient complètement absurde !

Le soir, alors que les équipes de France et d'Ukraine sont rassemblées dans la cantine de l'académie des sports de Kiev, que des *varenyky* (sortes de raviolis farcis de chou et de bœuf) viennent de nous être servis par une dame en blouse bleue et que M. Furgoni, les moustaches en accent circonflexe, en hume avec contentement le fumet, Saïd l'interpelle :

— Vous êtes au courant qu'on a une championne du monde à notre table ?

Humbert manque d'abord de s'étouffer avec un ravioli mais comme il est habitué, de par sa fonction, à conserver son aplomb en toute situation, il répond sans sourciller :

— Oui, oui, tout à fait, nous comptions bien sûr vous en informer mais nous n'avons pas eu le temps de nous en occuper.

Je n'arrive pas à savoir si le sourire crispé de Jacqueline Mairesse indique qu'elle n'était au courant de rien ou si elle est de mèche avec son supérieur hiérarchique, qui se tourne vers son homologue de la Fédération ukrainienne pour lui vanter les mérites de l'art culinaire de son pays.

Je sens Saïd bouillir à mes côtés mais d'un coup de talon dans le tibia, je l'invite à laisser tomber. Il n'y a rien à attendre du président ni même de la présidente, qui ne trouve rien de mieux à faire que de lever son verre dans ma direction, en plissant les yeux, pour me féliciter.

Pourquoi ne m'ont-ils pas avertie de ma victoire aux championnats du monde ?

Première hypothèse : il s'agit d'une médaille féminine et, pour eux, la boxe anglaise féminine n'a aucun intérêt ; n'étant absolument pas médiatisée, elle n'apporte ni gloire ni argent à la Fédération et ses cadres s'en moquent.

Deuxième hypothèse, non exclusive de la première : ils n'avaient aucune envie de me donner la prime de championne du monde qui s'élève à 7 000 euros.

Plus j'y pense, plus je crois que c'est par pure négligence qu'ils ne m'ont pas prévenue. Furgoni est plus intéressé par ses raviolis bouillis, qu'il continue de mastiquer comme si de rien n'était, que par ma médaille d'or.

Ce manque de considération à l'égard de l'équipe de France féminine s'est déjà manifesté quand nous sommes revenues de Chine. À la différence de ce qui se pratique avec les hommes, aucun comité d'accueil ne nous attendait alors que nous ramenions quand même deux médailles, la médaille de bronze de Cindy Orain et ma médaille d'argent. Il n'y avait personne à l'aéroport ce soir-là, excepté Francky, qui m'a prise dans ses bras pour me consoler.

Quelques semaines après cette révélation ukrainienne, je reçois ma médaille d'or par courrier et je renvoie la médaille d'argent – qu'on m'avait indûment passée autour du cou – à la numéro trois, une boxeuse russe.

Sentiment bizarre : je n'ai pas vraiment l'impression d'être championne du monde. La colère qui a suivi le vol s'est progressivement dissipée. Avec Francky, on s'est même fait la réflexion que j'avais eu de la chance de rencontrer une adversaire chinoise en finale plutôt que sur les autres tours. Mais pour moi, ce n'est pas évident d'assumer un titre reçu par la poste. Il me faudra du temps avant de reconnaître que j'ai accompli un énorme travail pour l'obtenir et qu'il me revient pleinement. Et même si ceux qui remettent les médailles sont les derniers à considérer le mérite du sportif, moi, j'y crois.

Seul le DTN (directeur technique national) de l'époque, Dominique Nato, fait preuve de considération à mon égard. Il me demande de lui remettre ma médaille et avec, il me fait graver une ceinture avec mon nom et l'inscription « Championne du monde 2008 ».

Plus tard, c'est la mairie d'Aubervilliers qui organise une réception en mon honneur. On m'invite à parler au micro. Alors devant le maire, Saïd, Francky, ma famille, mes amis, les adhérents de *Boxing Beats* et tous ceux qui me soutiennent depuis mon premier championnat en 1999, je prononce ces quelques mots : « Je suis rentrée de Chine avec le sentiment qu'on m'avait volé mon titre et la magie de la victoire, et aujourd'hui, j'ai le sentiment qu'il y a quand même une justice divine. »

Je dois en partie ma médaille d'or à Frankie Lesage, l'entraîneur de l'équipe de France avec qui j'ai effectué ma préparation aux championnats du monde. C'est lui qui m'a téléphoné en 2006, alors que je ne le connaissais pas du tout, pour me proposer de rejoindre l'équipe de France à Eaubonne. Je l'ai rencontré à cette occasion. On a eu une chance folle qu'il arrive à ce poste. Contrairement à la plupart des entraîneurs, quand la Fédération l'a sollicité pour encadrer l'équipe féminine de boxe, il était vraiment motivé et a accepté tout de suite.

Nous passons de très belles années avec lui parce qu'il croit en nous. D'habitude, on ne se sent pas forcément en confiance avec un entraîneur national, on se sent jugées parce que c'est lui qui fait les sélections pour les compétitions. On ne peut pas se livrer, montrer nos faiblesses, lui parler de nos douleurs ou de nos blessures comme avec l'entraîneur de notre club. Mais avec Frankie, c'est possible. On peut tout lui dire.

Il m'appelle parfois pour me demander combien je pèse. À l'époque, je boxe en 48 kilos et j'ai un peu de mal à être au poids. Au bout du fil, il hurle : « Je suis sûr que tu as grossi, que tu fais 51 kilos ! » Alors, j'en ris avec lui et je finis par me remettre au régime.

C'est au championnat de l'UE, à Liverpool, au mois de juillet 2008, que nous apprenons qu'il est remplacé par Aldo Constantino parce qu'il est malade. On pense tous que son mal est provisoire mais il ne revient pas. Il décède peu de temps après.

22

L'annonce

En 2009, quand je deviens championne du monde, je pense arrêter ma carrière. En tant que sportive, je n'ai pas de statut, l'équipe de France féminine n'est pas vraiment reconnue et elle n'est toujours pas olympique. Je fais toujours les mêmes tournois, les mêmes compétitions, je croise les mêmes boxeuses et parfois quand j'arrive à la pesée et que je regarde les gens qui se trouvent là, je me dis : « Encore eux, mais c'est toujours les mêmes ou quoi ! » Je pense sérieusement passer à autre chose.

Cet été-là nous avons pris – fait exceptionnel – des vacances avec Francky. Nous sommes sur la plage, près de Béziers, quand j'apprends en lisant le journal *L'Équipe* que le Comité international olympique a pris la décision d'inclure la boxe féminine aux JO. Cette annonce, que j'ai espérée pendant des années, tombe au plus mauvais moment. Avec Francky, nous avons pour projet d'être parents, ce qui est absolument incompatible avec une préparation aux Jeux de 2012. Je dois faire un choix difficile et je ne parviens pas à trancher. Si je me lance dans cette aventure, nous n'aurons pas d'enfant avant au moins quatre ans. Je regarde Francky ramasser tristement ses affaires sur la plage et je vois que pour lui ces quatre années seront une éternité. Mais peut-être comprend-il avant moi que je ne pourrai pas renoncer aux Jeux.

Quelques jours plus tard, alors que nous n'avons pas osé en reparler, Francky me prend dans ses bras et me murmure tendrement à l'oreille :

— Si c'est ton rêve de faire les Jeux, je te suis et on y va à fond !

À partir du moment où la boxe anglaise féminine devient olympique, l'équipe de France est davantage prise au sérieux par la Fédération. Nous sommes mieux encadrées, un staff médical nous est réservé. Mais certaines fédérations étrangères comprennent plus vite que la France qu'elles ont intérêt à miser sur leurs boxeuses parce qu'il y a des médailles à gagner aux Jeux. Les Chinoises arrivent en force dans les compétitions internationales alors qu'elles ne reçoivent officiellement l'autorisation de boxer qu'au début des années 2000. La Fédération chinoise crée d'immenses centres d'entraînement, elle organise de gros stages de sélection et devient vite une nation incontournable de la boxe féminine. Le président de l'Association internationale de boxe amateur (AIBA), Ching-Kuo Wu, est chinois, il fait partie du CIO et c'est un des principaux promoteurs de ce sport.

Je suis bien décidée à préparer les Jeux quand une autre nouvelle tombe qui m'accable. Seules trois catégories de poids seront représentées contre dix du côté des hommes. Je suis en mi-mouches (48 kilos) : une catégorie non sélectionnée. Je n'ai pas le choix : il me faut repasser en mouches pour tenter ma chance. Ce n'est pas si difficile de prendre trois kilos. Je n'aurai plus le souci d'être au poids, je pourrai me concentrer sur ma technique, ma stratégie, sans passer mon temps à sauter à la corde pour perdre quelques centaines de grammes – ce qui est épuisant. Par contre, je risque de rencontrer des adversaires plus grandes et plus costaudes. Il va falloir que je gère cette différence de taille en étant encore plus offensive et en cassant la distance. En 48 kilos, j'étais plutôt rapide de bras. Il va me falloir garder cette vitesse pour pouvoir surprendre.

Passer en 51 kilos s'avère compliqué pour une autre raison. C'est qu'il y a déjà une fille qui se prépare pour les Jeux dans cette catégorie. Elle s'appelle Virginie Nave, je la connais depuis longtemps comme collègue de l'équipe de France et je m'entends très bien avec elle. Elle boxe dans un club du Nord. Elle a été trois fois championne de France. Son entraîneur – qui organise beaucoup de stages dans sa région – est le meilleur ami d'Aldo Constantino et tous les deux misent logiquement sur elle pour les Jeux. Ils voient donc d'un très mauvais œil que je devienne sa concurrente directe en m'inscrivant dans cette catégorie.

Pendant ces trois ans, nous continuerons à bien nous entendre, Virginie et moi. C'est seulement sur le ring que ce sera électrique quand nous boxerons ensemble dans des compétitions nationales ou lors de tournois à l'étranger. La dernière fois que je la rencontrerai, ce sera en janvier 2012, lors des championnats de France, et je la battrai. À la fin du combat, c'est avec beaucoup de fair-play qu'elle me souhaitera bonne chance pour les JO. À partir de là, tout changera. Après plusieurs années de tensions, Aldo reconnaîtra officiellement que je suis la représentante de la France dans la catégorie 51 kilos.

Mars 2011. Nous quittons un Paris ensoleillé pour rejoindre une caserne de Rome dans le cadre d'un stage avec l'équipe de France. Le contraste est saisissant. Le ciel gris et les hauts murs rehaussés de fils barbelés donnent le ton. La semaine s'annonce maussade.

Dès le premier jour, on a droit à un petit déjeuner digne du service militaire : biscottes et thé tiède servis à 7 h 15 précises. La matinée commence par une petite mise en jambes : un test de Cooper. Il consiste à parcourir la distance la plus longue en douze minutes de course. Il sera suivi par un entraînement en salle : sac, corde, medicine-ball. Le programme tonne dans nos têtes comme un orage. Nous ne nous étions pas préparées mentalement à un tel effort. L'heure du repas arrive enfin. Nos estomacs affamés s'en réjouissent. Au menu, pâtes nature ou pâtes à la sauce tomate. J'opte pour la deuxième option. Sans télévision ni Internet, nous sommes coupées du monde ; du reste, nous n'avons pas le loisir de trouver le temps long puisque dès quatorze heures, nous enfilons nos gants pour nous mesurer aux Italiennes.

Le lendemain, journée pluvieuse. Des militaires repeignent les cages d'escalier. Je n'aimerais pas être à leur place : la caserne est sinistre, le dortoir est terne et sans vie, et puis je ne m'habitue pas à manger des pâtes à chaque repas.

Nos journées sont rythmées par les entraînements. La lassitude se lit sur les visages de mes camarades.

Le quatrième jour, on nous accorde enfin notre matinée. Nous comptons bien profiter de notre temps libre pour visiter la Ville éternelle. Le ciel est gris mais c'est avec délice que nous nous échappons de la caserne pour marcher dans les rues tels des militaires retournant à la vie civile. Nous nous glissons dans un bus pour rejoindre le Colisée.

Sur place, la pluie ne nous épargne pas, heureusement des vendeurs à la sauvette proposent des parapluies. Dans le gigantesque amphithéâtre, c'est avec ravissement que nous marchons sur les traces d'antiques gladiateurs. Nous imaginons leurs combats avec des animaux sauvages. Je me dis que dans d'autres temps, ce n'était pas seulement son honneur mais bien sa vie qu'on risquait. Nous poursuivons notre périple par une visite du Vatican. Quand nous pénétrons dans la basilique Saint-Pierre, son immensité et sa splendeur nous émerveillent, nous nous sentons loin, très loin de la triste caserne que nous devons pourtant rejoindre parce que les Italiennes nous attendent pour l'entraînement. Malgré nos pérégrinations romaines, nous trouvons encore l'énergie de sortir les griffes et de dominer nos adversaires.

L'avant-dernier jour, le soleil est de retour. S'il avait plu, on nous aurait épargné le travail sur piste, qui, annoncé à grand renfort de clairon, s'avère corsé. L'après-midi est encore une fois consacré aux mises de gants avec les Italiennes. Nous nous montrons tenaces.

Le samedi précédant notre départ, après de longues négociations, l'entraîneur accepte, avec une moue dubitative, que nous retournions nous promener dans Rome.

Il nous ordonne d'être de retour à 16 h 30 pour clôturer notre stage par un footing. C'est avec jubilation que nous nous enfonçons dans les abîmes du métro italien. Nous filons d'une boutique à l'autre, les bras chargés de paquets. Le temps passe mais pas notre engouement pour cette séance de shopping inespérée.

Nous sommes en retard. Très en retard. Il est déjà 16 h 30. Nous courons comme des furies dans le métro. 16 h 50. Encore deux stations puis le bus mais celui-ci tarde à venir. Un taxi ! C'est notre ultime espoir d'arriver avant dix-sept heures, l'heure à laquelle le footing débute. Nous encerclons la voiture, crions à tue-tête dans un italien aussi expressif qu'approximatif au chauffeur où nous voulons aller : « *Caserma Esercito, speedo speedo !!* » Nous arrivons à 16 h 57 à la caserne. Dernière ligne droite : juste le temps de grimper la centaine de marches qui mènent à notre dortoir, de nous changer, de redescendre, de nous présenter discrètement sur la piste devant notre entraîneur qui, contre toute attente, s'abstient de remontrances.

23
La peur

J'ai passé aisément les premiers tours qualificatifs des championnats du monde pour les Jeux de Londres. Voici l'heure du dernier combat : si je gagne, je me qualifie. J'ai tout pour y arriver, je suis très bien placée au niveau international.

Je monte sur le ring et je suis perdue. Je ne sais plus si je dois avancer ou reculer. Je ne suis plus sûre de savoir boxer. Est-ce que j'ai déjà su boxer ? Les gestes mille fois répétés ne sortent plus. Il se passe quelque chose de bizarre dans mon cerveau. Quelque chose que je n'identifie pas tout de suite.

Je comprendrai plus tard que c'est la peur qui perturbe mon activité cérébrale, qui la fait dévier de l'objectif qui consisterait simplement à me fixer sur mon adversaire bulgare, à décocher les bons coups, à parer les siens afin de remporter ces huitièmes de finale que je suis censée gagner haut la main puisque je suis prête pour ce combat et que surtout j'ai déjà battue cette grande gauchère qui s'appelle Stoyka Petrova. Ça ne s'invente pas, Stoyka : ma grande Bulgare stoïque, tu ne m'impressionnes pas d'habitude. Mais ce jour-là, le 6 mai 2012, rien ne marche comme d'habitude, il y a comme une brisure dans le cours du temps. C'est cela que produit l'angoisse, elle me déporte du présent, du combat. C'est mon ombre maladroite et chancelante qui sautille sur le ring, ce n'est pas vraiment moi qui en toute logique devrais fuir puisque cette épreuve pugilistique ne provoque en moi qu'épouvante et effroi.

Mais je ne décampe pas, je ne prends pas mes jambes à mon cou, je ne passe pas les cordes du ring, je ne pique pas un sprint dans les allées du grand gymnase chinois – puisqu'une fois encore, nous sommes en Chine –, je ne m'en extirpe pas par la première porte de secours. Mon corps demeure sur le ring à faire ces singeries, que mes supporters trouvent de plus en plus insensées d'autant que le gong a déjà annoncé le début du deuxième round, et moi je suis ailleurs. Je me parle à moi-même et ces paroles résonnent tellement fort dans mes oreilles que je n'entends pas les cris désespérés de Francky et Saïd qui, au loin dans les gradins, sont en train d'assister à ma chute.

Mais, Sarah, qu'est-ce que tu fous !

Ce n'est pas vrai que je ne suis pas concentrée, je suis hyper attentive au contraire à ma rumination mentale. Sauf qu'elle n'a pas lieu d'être, que ce n'est pas le moment de penser au conditionnel, à ce qui se passerait si je perdais le deuxième round, à ce qui se passerait si je perdais le troisième round, à ce qui se passerait si je perdais ce combat, à ce qui se passerait si je ne me qualifiais pas, à ce qui se passerait si je ne participais pas aux Jeux olympiques de Londres, moi qui viens de leur sacrifier trois ans de ma vie. Pendant que je conjecture, Mlle Stoyka Petrova est en train de le remporter, ce troisième round, France : 9, Bulgarie : 14. Mais moi, je pense en boucle à tous ces gens que je vais décevoir si j'échoue et surtout à Francky, à tous les efforts auxquels il a consenti pour moi et à l'enfant que nous n'avons pas fait.

Si ça continue, je vais m'écrouler carrément sur le ring. Cette disjonction entre moi qui ressasse et moi qui boxe comme un kangourou m'est insupportable.

C'est la minute de repos qui précède le dernier round, Aldo dans son affolement est pris d'une quinte de toux quand il me supplie de me reprendre.

Mais ce n'est plus possible, c'est trop tard, mes pensées intempestives m'ont portée trop loin du ring. Comme une grosse baudruche, l'enjeu de cette rencontre a pris toute la place et s'est pernicieusement substitué au jeu. Ce n'est pas la première fois que ça arrive pourtant, il n'y a jamais eu de pur jeu depuis que j'ai commencé ce sport ou alors c'était au tout début, quand je mettais les gants pour du beurre avec les gamins du cours de boxe éducative. À ce moment-là, oui, il n'y avait que le plaisir du geste qui comptait. Après, non. Plus jamais.

Sont arrivées les compétitions et leurs intensités propres : la perspective – qui excède la pure pratique sportive – de monter sur le podium, d'être récompensée, d'être reconnue, légitimée fleurs dans les bras, hymne national et médaille autour du cou. Comme j'ai aimé cela ! Je le sais bien que si j'avais dû seulement boxer à l'abri des regards dans des salles anonymes, sans juges ni arbitres, sans comptabilisation des points, sans ce piment de la victoire et de la récompense, j'aurais certainement arrêté depuis longtemps. Ce n'est pas le sport tout court que j'aime, c'est le sport de compétition qui charrie liesse de la victoire et chaos de la défaite. Si je suis là, sur ce ring, à la trente-cinquième seconde du quatrième round de ce tournoi qualificatif pour les JO, c'est parce que depuis 1999 j'ai passé toutes les étapes : huit fois championne de France, trois fois championne de l'Union européenne, médaillée d'argent au championnat d'Europe 2011 et puis championne du monde. C'est bien pour cela que j'ai ma place aux Jeux ! Pourtant, comme c'est étrange, France : 14, Bulgarie : 20, je suis en train de perdre. Car ce qui se joue là, dans ces huit minutes de combat, est démesuré. C'est la perspective des Jeux olympiques qui est trop grande pour moi, pas toi, Stoyka Petrova. C'est le fait de jouer seize ans de ma vie en huit minutes.

J'ai toutes les raisons de monter sur le podium et pourtant non – comme c'est étonnant, la puissance de la peur –, je perds ! Le gong retentit, France : 15, Bulgarie : 21. J'ai perdu, il n'y a plus rien à faire.

Tout s'éteint, tout s'arrête. C'est presque aussi fort qu'un deuil.

Je rejoins Francky qui m'attend dehors à la sortie des vestiaires aux abords du stade. On marche un peu, on pleure, on se prend dans les bras. Il me souffle à l'oreille :

— On fait ce qu'on a à faire et après on revient !

— Non, je continuerai pas, j'en ai rien à foutre !

— Ne dis pas ça, Sarah, on fait un enfant, on prend notre temps et on revient aux Jeux de 2016.

— Non, Francky, c'est pas la peine, c'est fini, j'arrête la boxe, je ne veux plus en entendre parler. Jamais.

Je quitte Qinhuangdao avec l'équipe de France. Le vol de Francky est quelques jours plus tard. Il y a plusieurs heures d'attente à l'aéroport de Shanghaï. On enregistre enfin nos bagages. Quand nous passons dans la zone internationale, j'hésite, je ne sais pas si j'ai vraiment envie de prendre l'avion. J'ai l'impression d'avoir laissé quelque chose en Chine.

Quand j'arrive à Paris, le 15 mai 2012, il fait gris.

Je ne sais pas pourquoi je n'ai pas téléphoné à Francky les jours qui ont précédé le combat. On ne se voyait pas beaucoup, j'étais dans un centre sportif et lui dans un hôtel du centre-ville, à plusieurs kilomètres de là. Les athlètes d'un côté, les familles de l'autre. Si je lui avais parlé de mes angoisses, de mes doutes, de tout ce que je ruminais et qui m'éloignait déjà de la stratégie du combat, il m'aurait réconfortée, il m'aurait conseillée. Peu importe ce qu'il aurait pu me dire, sa parole aurait produit une rupture dans le discours vain que je me tenais à moi-même, c'est lui que j'aurais entendu et pas moi. Ce sont ses mots, tels des mantras, que je me serais répétés même s'ils avaient juste consisté en conseils tactiques. Surtout s'ils avaient consisté en conseils tactiques. Je me serais accrochée à eux comme j'ai toujours su le faire lors des compétitions. C'est pour cette raison que j'ai adoré la boxe : parce qu'elle demande une telle focalisation de l'esprit sur l'objectif à atteindre. Que ma capacité de concentration – que j'ai mis seize ans à perfectionner dans les salles d'entraînement – ait pu être balayée en huit minutes par un affreux borborygme mental m'est insupportable. Mon sport m'a trahie, il n'a pas été capable en fait de repousser l'ennemi intérieur : ces pensées obsédantes qui se complaisent dans mon cerveau sans déboucher sur une vraie action orientée, sur un beau geste ciselé, qui sont inaptes à exercer la moindre puissance sur l'extérieur, qui affaiblissent au contraire – et c'est cela le pire –, qui rongent le corps le plus fort, le plus alerte et affûté qui soit pour le réduire à l'état d'automate.

Ce qui m'est arrivé sur ce ring chinois – cette calamiteuse expérience de l'angoisse – n'avait même pas la grandeur de la peur primitive qu'on éprouve face à un danger réel, il se réduisait au produit de mes piètres élucubrations. C'est pour cela que je m'en veux, c'est pour cela que je déteste la boxe et que j'ai promis de ne plus jamais en faire. Parce que de ma plus intime et inacceptable faiblesse – cette inaptitude à maîtriser mes pensées – elle ne m'a pas sauvée.

Dans les semaines qui suivent mon échec en Chine, je suis peut-être complètement naïve mais j'espère encore pouvoir aller aux Jeux en obtenant une *wild card*. Il s'agit d'une autorisation exceptionnelle accordée à un athlète pour participer aux JO. En 2012, quatre places sont ainsi réservées aux boxeuses de certaines nations afin de les aider à promouvoir leur sport dans leur pays. Je pense avoir une chance d'en obtenir une dans la mesure où la France n'a qualifié aucune boxeuse. Ni Erika Guerrier ni Estelle Mossely, les favorites en moins de 75 et moins de 60 kilos, n'ont obtenu leur billet lors des championnats de Qinhuangdao.

Je fais une requête auprès du CIO et de la Fédération internationale et, dans l'espoir qu'ils me répondent positivement, je continue de m'entraîner à la dure. Finalement, c'est Sadaf Rahimi, une Afghane, qui bénéficie de cette place exceptionnelle. Elle se fera éliminer dès le premier tour lors d'un combat qui durera moins de dix secondes. Il est évident que, faisant partie des meilleures mondiales, j'ai davantage ma place aux JO que cette jeune femme qui a commencé la boxe il y a à peine quatre ans, mais à ce niveau de compétition, le pur mérite sportif est supplanté par d'autres enjeux. Sadaf Rahimi est la seule Afghane à participer aux Jeux de Londres, ce qui fait d'elle un étendard pour l'émancipation féminine dans un pays qui a vécu sous le joug taliban pendant des années. L'enjeu a le mérite d'être légitime, pourtant je suis tellement affectée par mon échec que ce symbole de libération de la femme afghane, qui en d'autres circonstances aurait touché ma fibre féministe, m'émeut assez peu.

C'est une période vraiment atroce. Au mois d'août, avec Francky, nous partons en vacances dans le Sud. Suivre les Jeux à la télévision est au-dessus de nos forces. Nous en avons des échos forcément, nous apprenons que des boxeurs se font voler jusqu'en quarts de finale, ce qui renforce le dégoût que j'ai du milieu de la boxe et la certitude qu'il est grand temps d'arrêter ma carrière.

Est-ce que je prends vraiment la décision d'arrêter ma carrière ? Il serait plus honnête de dire que non. Je laisse d'autres champs de mon existence occuper peu à peu l'espace de mon quotidien, mais en réalité, je ne me résous pas à l'idée de cesser définitivement la boxe. Je ne parle à personne de ce désir de remettre les gants un jour ni de l'immense frustration consécutive à mon échec en Chine. Je la dissimule. Elle doit bien se voir sur mon visage pourtant quand on le regarde attentivement. Moi, je l'observe bien en face dans mon miroir le matin : une sorte de tension dans les muscles faciaux, une légère torsion de la bouche qui ne sourit plus aussi facilement qu'avant et les yeux – quelque chose a changé dans mon regard – que je maquille plus que d'habitude puisque c'est censé leur donner plus d'éclat comme il est indiqué sur l'étui du mascara que j'ai acheté au Monoprix et que j'applique soigneusement sur mes cils.

Je sais ce qui se passe avec mes yeux. Il leur arrive de ne plus savoir où regarder. Par moments, mes pupilles se dilatent légèrement et c'est comme s'ils ne faisaient plus de mise au point. Ça ne relève pas d'un souci d'ordre ophtalmologique, c'est bien plus imperceptible que cela, c'est juste une des manifestations de la déception sur mon corps.

C'est bien la première fois que je ressens cela, une peine profonde. Avant, quand il m'arrivait de perdre un combat, je ressentais un mélange affreux d'humiliation et de frustration. Mais cet amoindrissement de toute ma personne, cette espèce de vide interne qui se créait était rapidement compensée – l'abattement ne durant jamais longtemps – par la montée d'une tension en moi, d'un regain d'agressivité qui n'était pas seulement le signe que je commençais à me préparer psychologiquement pour un prochain combat mais qu'une force, quelque chose comme un élan vital montait en moi, m'emplissait pour ne plus laisser place à ce vide.

À partir du moment où il n'y a plus de prochain combat, plus de combat du tout, que puis-je faire de cette énergie qui bouillonne en moi ? Me préparer à un championnat qualificatif pour les JO serait l'idéal, c'est sans doute pour cela que j'en rêve toutes les nuits, alors que ce genre de perspective m'est désormais retiré.

J'ai mal. Très mal. Je n'ai pas d'autre solution que de me relever de ce terrible K-O. La boxe m'y a préparée, après tout. Elle m'a appris à transformer un échec en opportunité de me construire autrement.

7 h 30 : réveil. Flocons d'avoine et fruits secs. Autoroute A3 fluide. Neuf heures : arrivée à *Boxing Beats* : recherche de subventions, de partenaires, gestion, compatibilité. Dix-huit heures : retour dans mon appartement de Villeparisis. Petit footing tranquille. J'expérimente cet emploi du temps pendant trois jours : il m'est insupportable.

Je ne pourrai contrecarrer mon amertume que par l'action. Il me faut occuper mon corps et mon esprit, heure après heure, minute après minute, rester dynamique et concentrée, ne pas leur laisser le temps de se relâcher ou de divaguer. Me méfier des automatismes et de la routine qui ne dirigent pas suffisamment la pensée vers un but précis mais lui laissent tout loisir de se replonger dans le ressassement de l'échec. Trouver des objectifs stimulants, désirer… mais je n'ai pas besoin de me le dire, je n'ai pas besoin de ce genre de prescriptions, je ne sais pas faire autrement de toute façon, je ne sais pas ralentir, je suis intolérante au temps libre qui me semble d'autant plus considérable que j'ai abandonné la passion d'une vie.

Heureusement, je m'inscris à un séminaire d'initiation à l'entrepreneuriat à Sciences Po.

Heureusement, je gère l'association Boxer Inside Club montée avec Francky en 2010.

Heureusement, je deviens auto-entrepreneur.

Heureusement, je fais une prépa pour entrer en incubateur à Sciences Po.

Heureusement, je tombe enceinte.

Et la peine se dissipe, mécaniquement.

24

Je te regarde dans ton sommeil, Ayna

Dans le cadre du séminaire à Sciences Po, on nous apprend à monter un business plan de A à Z. Je lance mon projet qui consistera à donner des cours de boxe en entreprise avec un volet santé et bien-être et à proposer des séminaires où j'utiliserai mon sport comme outil de développement personnel.

Je ne connais pas du tout le monde de l'entrepreneuriat puisque je n'ai travaillé que dans le social, mais le professeur de marketing m'encourage à me lancer si bien que, rapidement, je monte Boxer Inside, ma propre structure. Au culot, je contacte des grosses sociétés. Je me présente comme une boxeuse de haut niveau en reconversion et certaines acceptent un rendez-vous d'autant plus facilement que je n'ai rien à leur vendre.

Dans un premier temps, je réalise une première étude de marché. Je cherche à savoir quels sont leurs besoins et si ce que je leur propose est susceptible de les intéresser. Quand c'est le cas, je les invite à tester gratuitement des leçons de boxe et des ateliers. La difficulté, au début, c'est surtout de faire entrer la boxe dans les entreprises. Mes premiers clients craignent que leurs collaborateurs ne règlent leurs comptes sur un ring, mais ils s'aperçoivent vite que c'est tout le contraire qui arrive : ce sport leur confère une sorte de puissance libératrice, qui leur permet de révéler leur potentiel physique et psychique. Je n'ai alors pas de mal à les convaincre que la boxe est un super outil pour apprendre à se connaître, que c'est une discipline chargée de valeurs positives.

En cours, j'explique à mes nouveaux élèves que le ring a été pour moi un sérum de vérité, car boxer, c'est se mettre à nu et se regarder en face, c'est apprendre à accepter ses failles et à les dépasser. L'affrontement oblige à comprendre très vite pourquoi l'adversaire résiste, pourquoi on recule, afin de prendre de nouvelles options pour contourner l'obstacle et trouver une voie pour toucher. C'est ce que j'appelle l'« intelligence du ring ». J'essaie de leur faire comprendre à quel point la boxe m'a révélée, en quoi elle a libéré toute ma force intérieure et ancré profondément en moi des qualités fondamentales comme l'ambition, le sens de l'effort, la discipline, le respect et la détermination.

En juin 2013, je passe sans y croire vraiment un concours pour entrer dans l'incubateur de Sciences Po, je postule également à la Yump Académie, un accélérateur basé sur un concept suédois, où j'ai la chance d'être prise. Finalement, mon projet d'entreprise est sélectionné par Sciences Po. On me propose une date pour les oraux. Pas de chance, je viens juste d'entrer à la maternité ! Je dis à Francky : « Écoute, je suis pas loin, quinze minutes de métro, je sors de la clinique, je passe les oraux et je reviens, ni vu ni connu. » Je me sens tellement bien pendant ma grossesse que j'imagine que deux jours pour me remettre de l'accouchement suffisent, alors qu'en réalité, après cette épreuve aussi inédite qu'émouvante, je suis épuisée ! Je demande si je peux réaliser mon oral par Skype, hélas c'est impossible. Finalement on me propose une autre date en septembre et je suis reçue.

Dans cet incubateur, on nous propose des ateliers avec des juristes et des comptables qui sont là pour nous accompagner. Je ne suis qu'auto-entrepreneur alors que les autres start-up ont des projets très ambitieux surtout dans le domaine du digital, des visées internationales. Je m'installe dans mon nouveau bureau, rue de Grenelle, un des endroits les plus chics de Paris.

Petite, je me rendais bien compte que mon milieu me limitait. Je me sentais très à l'étroit. J'ai suffisamment expérimenté et éprouvé durant toute mon enfance, et même après, à quel point le manque d'argent pouvait être une vraie entrave à la liberté. Or, j'ai pu constater que chez d'autres cette question de l'argent n'était pas centrale, que le fait de passer sa vie à la gagner, ne serait-ce que pour avoir un toit sur la tête ne déterminait pas tout. Les personnes que je croise à l'incubateur de Sciences Po ne se disent pas qu'il leur faut un revenu pour payer le loyer mais elles se demandent comment créer une entreprise qui corresponde vraiment à leur personnalité, à leur savoir-faire, à leur talent. Comment elles vont pouvoir s'épanouir dans leur travail, en somme. C'est un grand privilège que de pouvoir se poser la question de son existence en ces termes. Aujourd'hui, moi aussi je suis libre. Pas seulement parce que j'ai davantage d'argent que mes parents et un appartement, mais parce que je peux décider de ma vie professionnelle, y prendre du plaisir sans la subir.

Je peux aussi me féliciter d'avoir bien négocié l'arrêt de ma carrière. Certains sportifs sombrent dans la dépression quand ils arrêtent la compétition, surtout suite à un échec. Moi, je me suis découvert une nouvelle passion : l'entrepreneuriat. Et surtout, je suis maman.

Malgré tout, l'idée de reprendre la boxe ne me quitte pas. Elle est tenace.

Durant ma grossesse, je suis persuadée que dès que je tiendrai ma fille dans mes bras, je ne penserai plus à la boxe ; je constate finalement que non, c'est une maladie qui ne passe pas comme ça. Drôle d'idée finalement : pourquoi le fait d'avoir un enfant devrait-il me combler au point d'oublier ce que j'ai aimé le plus au monde ? J'imagine qu'être mère, étant ce qui peut arriver de plus fort dans une vie, effacera comme par magie le désir de boxer. Je me dis que je vais remplacer une passion par une autre plus forte encore. Ayna naît en juillet 2013 et il se passe exactement l'inverse. Encore une fois, la boxe m'appelle.

Il fait chaud dans sa petite chambre, j'entrouvre la fenêtre sur les bruits de la rue qui ne la dérangent guère vu qu'elle dort à poings fermés dans son body floqué d'un lapin rose. Comme elle transpire, je passe très légèrement ma main sur son duvet de nourrisson et je repense à ce que m'avait dit Francky entre deux sanglots, aux abords du stade de Qinhuangdao : « On fait un enfant et on repart pour les Jeux. » Ce soir-là, je te regarde dans ton sommeil, Ayna, et pour la première fois, j'ai la conviction que c'est possible.

25

La résolution de Noël

Je me demande si je dois attendre que la bûche soit servie pour faire l'annonce. Je bois une gorgée d'eau glacée puis essaie de retirer, avec l'ongle de l'index, la cire de la bougie qui a dégouliné sur la nappe. Finalement, ce n'est pas une bûche mais un gâteau de Noël que Vanessa, ma belle-sœur, sortant de la cuisine, apporte sur le plateau rotatif et inclinable que ses parents Marcel et Françoise viennent de lui offrir. Nous nous apprêtons à faire honneur au dessert de sa petite sœur quand Francky nous interrompt en faisant cliqueter la lame de son couteau sur la carafe.

— Sarah a quelque chose à vous dire ! Je vous rassure tout de suite, elle n'est pas déjà de nouveau enceinte !

La blague ne fait pas rire tout le monde. Toute la tablée me fixe d'un air interrogatif.

— Eh bien voilà, en ce jour de Noël 2013, je vous annonce que j'ai décidé de reprendre la compétition et de me préparer pour les JO de 2016.

— Bravo, Sarah ! Bravo, Sarah !

La petite assemblée applaudit, et même Ayna, tout émoustillée dans sa chaise haute, semble esquisser un battement de mains.

Aussi inattendue que soit cette déclaration, je sais que je peux compter sur le soutien sans faille de la famille Denis et a fortiori de Marcel qui est déjà au courant de ma décision puisqu'il a accepté d'être mon entraîneur. Alors que je savoure enfin le dessert de Vanessa, mon beau-père m'informe que l'entraînement débutera dès le lendemain. Je regrette déjà de m'être laissé tenter par les huîtres, la dinde, les pommes de terre Duchesse, les marrons, la fourme d'Ambert, spécialité fromagère de la région de Saint-Étienne d'où est originaire ma belle-famille.

À la fin du dîner, Marcel me prend à part devant la porte-fenêtre. Au-delà des cimes effeuillées des peupliers du jardin, la colline enneigée a des airs de Pain de Sucre. Reprendre l'entraînement par ce froid ne me réjouit pas même si je sais que Marcel a raison : les Jeux de Rio sont dans deux ans et demi, il me faut commencer le plus tôt possible.

Marcel pense qu'il faut associer Saïd à ma préparation aux JO parce que sinon ça risque d'être trop dur pour lui. Je ne lui réponds pas tout de suite. Un ballon estival s'est échoué sur la pelouse détrempée. Je repense à la discussion sérieuse que j'ai eue avec Saïd juste avant les vacances de Noël. Je lui ai expliqué qu'il avait été un super entraîneur pendant quinze ans mais que les habitudes que nous avions prises ensemble n'étaient plus bénéfiques pour moi. Que j'avais absolument besoin d'aller boxer ailleurs, avec de nouveaux partenaires, de nouvelles méthodes, qu'il me fallait un nouvel environnement pour pouvoir me redécouvrir parce que j'avais changé, qu'avec la grossesse et l'arrêt du sport mon corps n'était plus le même qu'en 2012. Il m'a répondu qu'à Aubervilliers, j'étais pourtant chez moi. Je lui ai dit que c'était ça le problème justement, qu'à *Boxing Beats* tout m'était cédé, tout m'était plus facile alors que dans une autre salle il me faudrait me battre pour me faire une place – comme à mes débuts où j'avais dû lutter pour me faire accepter et respecter – et que ce serait plus stimulant pour moi. Il y a eu un vide. Je ne sais pas s'il a compris, il a eu l'air blessé.

Vanessa nous propose un café, que, d'un geste de la main, nous refusons. Je réponds à Marcel que suis d'accord avec lui et que, même si je m'entraîne dans son club à Aulnay-sous-Bois, je reprendrai ma licence à Aubervilliers, par fidélité et amitié pour Saïd. Rouge. Bleu. Rouge. Bleu. La longue guirlande lumineuse qui serpente sur la façade de la maison des voisins se met à clignoter.

Françoise s'approche de moi et me murmure simplement à l'oreille : « Avec le grand-père d'Ayna comme entraîneur, je suis sûre que tu y arriveras, Sarah. » Je lui souris. Je sais qu'elle a raison, Marcel est la personne qu'il me faut, il est rigoureux, précis et cela fait près de quarante ans qu'il coache. Il saura trouver les mots pour m'aider à me dépasser, il orchestrera les séances en fonction de mon état de fatigue, de mes contraintes professionnelles et, surtout, qui d'autre à part lui accepterait que je vienne à l'entraînement avec Ayna ?

Je regarde se consumer une feuille de papier cadeau chiffonnée que quelqu'un a jetée dans la cheminée. En janvier 2014, j'aurai 32 ans. La limite d'âge autorisée pour participer aux JO est de 40 ans, mais si j'attends trop, mon corps ne pourra plus répondre aux exigences du haut niveau. Rio est ma dernière chance de vivre l'incroyable expérience des Olympiades.

26

Le parc

Je suis dans le parc, je cours sans avancer, des papis et des mamies me doublent, je suis essoufflée et Marcel me crie dessus pour m'encourager à ne pas abandonner. Et moi, dans deux ans et demi, je veux participer aux Jeux olympiques de Rio. Mais c'est insensé, je n'y arriverai jamais !

Les médecins m'ont pourtant assuré que je pouvais reprendre l'entraînement, j'ai attendu six mois, j'aurais même pu m'y remettre plus tôt : trois mois après l'accouchement, ça aurait été possible. Mon corps ne répond plus, je cours et c'est Marcel qui me pousse dans le dos, qui me prend la main. À quoi ça sert ? Je me suis trompée, j'ai présumé de mes forces, je cours encore une minute puis je marche. Même marcher me semble difficile, je suis tellement diminuée.

À 56 ans, Marcel a encore un corps de trentenaire, alors c'est normal qu'il coure plus vite que moi, c'est normal aussi puisqu'il n'a jamais cessé de courir tandis que moi j'ai arrêté pendant deux ans, et deux ans, c'est un siècle, c'est comme si j'avais pris vingt ans, comme on dit d'un condamné, et que j'étais une dame très âgée et très digne malgré tout dans son survêtement ajusté. Si je ne me plains pas, quand même, ces papis et ces mamies qui me doublent, je me rends bien compte que c'est n'importe quoi.

Je rêve des Jeux olympiques depuis que j'ai 10 ans, depuis ces Jeux de Barcelone que j'ai suivis sur un téléviseur cathodique ; nous étions des millions comme moi et un seul sur la haute marche du podium, alors je devrais peut-être rentrer définitivement à la maison, retrouver ma petite fille qui m'attend. Qu'est-ce qui me retient dans ce parc alors ? Qu'est-ce qui fait que je cours comme une tortue mais que je cours encore ?

La peur de dire à Marcel qu'il serait plus raisonnable d'abandonner, lui qui fait tout pour que j'y arrive, qui me donne tout ce qu'il a même s'il n'a pas grand-chose : le parc d'Aulnay-sous-Bois et le pavillon de sa mère – faute de mieux parce que le gymnase municipal où il donnait ses leçons a brûlé dans un incendie criminel – dont deux chambres ont été transformées en salles d'entraînement pour l'occasion. L'habitude aussi peut-être. En vingt ans, je ne me suis jamais arrêtée. Le matin, c'était course ou musculation ; le soir, boxe. Pas de jours fériés, pas de soirées entre copines ni de grasses matinées, pas de vacances ou alors dans des endroits où je pouvais disposer d'une salle de sport. Même à Noël, je m'entraînais. Le 24 décembre à quinze heures, je chaussais mes baskets et j'allais courir dans la neige. Il m'est bien arrivé de couper un peu quand j'étais vraiment fatiguée et parce que ça fait du bien quand même de penser à autre chose : une demi-journée, une journée, mais jamais plus de deux, car je savais, mon corps savait que l'arrêt est difficile, que revenir après une interruption est une épreuve. En trois semaines, et c'est fou quand on y pense, on perd tout son physique, tout le travail que l'on a fait, les efforts intenses de plusieurs années. Alors on repart de zéro aussi découragé qu'un auteur qui a perdu le manuscrit d'une vie dans les limbes de son ordinateur.

Je cours si lentement dans le parc que j'ai tout loisir d'observer les arbres de janvier qui grelottent. C'est peut-être le froid qui me ralentit. Je divague.

Avant, quand j'enchaînais les huit cents mètres avec une minute de récup', j'étais concentrée, je n'avais pas le temps de penser aux lacets de mes chaussures ou aux minuscules gravillons de l'allée, je ne me préoccupais pas des retraités qui bavardaient sous le chêne ni des moineaux qui picoraient quelques miettes de pain prélevées par le vent au sandwich d'un passant. J'étais endurante, explosive, puissante, je ne montais jamais sur un ring en me disant que j'allais m'économiser, je savais que j'avais la caisse pour y aller et le moteur pour tenir. Le physique a toujours été mon grand atout pour moi. J'avais une VMA de 18,5, c'est dire !

Pendant des années, j'ai fait du sport sans qu'on chiffre mes capacités, de façon un peu artisanale. À partir du moment où je suis entrée en équipe de France, ça a été différent. J'ai découvert que mon corps répondait à des lois physiques et chimiques que j'avais approchées jusque-là très empiriquement. La VMA, c'est la vitesse maximale aérobie, c'est-à-dire la vitesse de course à laquelle le coureur atteint sa consommation maximale d'oxygène ; au-delà, il s'épuise très vite et commence à être chargé en acide lactique. Plus la VMA est élevée, plus le coureur est capable de courir à des vitesses importantes avant d'atteindre ce qu'on appelle sa VO_2 max. Par l'entraînement, la VO_2 max du sédentaire peut être améliorée de 15 % à 25 %. Il faut donc que j'arrête d'observer les moineaux et que je m'entraîne, un point c'est tout.

Me voilà légèrement remotivée, mais Marcel me signale que la séance de course est terminée et qu'on se retrouve à dix-huit heures pour la musculation et le vélo. Je n'ai pas d'endroit où me changer, alors je monte directement dans ma Clio et démarre en direction d'Aubervilliers. Il est neuf heures, s'il n'y a pas trop d'embouteillages j'arriverai vers 9 h 30 au travail. Au feu rouge, je sens une sueur froide me glacer le dos, j'augmente le chauffage. Quand j'arrive à *Boxing Beats*, j'ai à peine le temps d'enfiler un jean que mon téléphone se met à vibrer.

Une dame au bout du fil m'explique que le dossier de demande de subvention européenne que j'ai posté il y a trois jours est incomplet, qu'il manque un justificatif. Elle me répète que c'est très urgent, que les délais sont déjà dépassés, je lui réponds poliment que je vais faire le nécessaire. Sauf que je ne sais pas où se trouve ce justificatif, que le chercher risque de me prendre des heures alors que je n'ai pas terminé le bilan de l'association que je dois rendre demain à l'expert-comptable, qu'il faut que je rappelle l'agence de mode qui envisage de louer la salle pour un shooting. Pas question de rater cette occasion – la location de notre salle représente une vraie source de revenus –, d'autant qu'elle se raréfie : depuis un an ou deux, les salles de boxe ont poussé comme des champignons à Paris, des salles privées, un peu chics – il y en a une pas loin d'ici, place de la Villette –, même si la nôtre reste exceptionnelle, grande et belle avec ses fresques immenses peintes sur les murs en parpaings apparents – un supplément d'âme.

Je m'assois à mon bureau, allume mon ordinateur, pivote sur mon siège à roulettes, farfouille dans l'armoire métallique à la recherche du fameux justificatif : sans justificatif, pas de subvention, sans subvention, pas de gala de boxe féminine, sans gala de boxe féminine, pas de promotion de la boxe féminine, sans promotion de la boxe féminine, pas de jeunes filles en short pour taper dans les sacs de *Boxing Beats*, sans jeunes filles en short qui tapent dans les sacs de *Boxing Beats*, pas de Sarah Ourahmoune s'entraînant pour les Jeux olympiques de Rio, par exemple.

Heureusement, je retrouve le précieux document dans une chemise rouge au fond du tiroir de gauche, je le scanne et le voilà parti. Ouf !

Quatorze heures. J'ai rendez-vous au 17, rue des Martyrs, dans le IXe, avec un client potentiel. Je cherche une place de stationnement pendant vingt minutes, me gare n'importe comment sur un trottoir et arrive en retard devant le numéro 17 qui s'avère être un café. De l'autre côté de la vitrine, un homme en costume gris me fait un petit signe de la main. M. Berthomé est bien désolé mais les bureaux de sa société étant actuellement en travaux – ils refont les moquettes – il a dû opter pour le PMU du coin.

M. Berthomé est ravi de me rencontrer, il est très impressionné de serrer la main à une championne du monde de boxe, lui aussi fait du sport : du footing aux Buttes-Chaumont, cinquante minutes tous les samedis matin, il pratique le ski aux Arcs et le tennis également mais pas aussi souvent qu'il le souhaiterait, il vient de passer à la cigarette électronique, il paraît que c'est moins nocif que la vraie. Je le lui confirme même si je n'en sais rien, commande un Perrier et lui un déca allongé. Il a cessé de boire du café parce que c'est mauvais pour le cœur et qu'il s'est promis de courir le marathon avant ses 50 ans ou peut-être même le trail du Mont-Saint-Michel. Il parle, il parle puis en vient au fait :

— Que nous proposez-vous, mademoiselle Ourahmoune ?

— Boxer Inside propose des ateliers en entreprise qui articulent cours de boxe et conférences autour de ce sport : il s'agit surtout de travailler autour des valeurs de la boxe, la motivation, le respect, le dépassement de soi, la capacité à se connaître, à gérer ses émotions.

M. Berthomé, syndrome de sevrage sans doute, tapote avec l'index sur la table en formica. Il note que ça ne se fait plus du tout les tables en formica, que c'est devenu kitsch, vintage, alors que franchement y a pas à dire, c'est du solide, puis il joint les mains, allonge les jambes et enchaîne sur la difficulté pour ses collaborateurs à suivre des cours de boxe parce qu'ils n'ont pas tellement d'espace dans leurs bureaux, qu'ils ne sont pas très sportifs, voire pas du tout, voire un peu mous, et qu'ils seraient bien du genre à avoir peur de se prendre des coups.

Je me demande pourquoi je me suis déplacée jusqu'à ce bar-tabac-PMU du IXe si c'est pour m'entendre dire ça, il le savait bien quand même que je proposais des cours de boxe !

— Mais justement monsieur Berthomé ! le rassuré-je. Les cours de boxe s'adressent à tous, et surtout aux débutants, c'est très ludique, il n'y a pas d'échanges de coups, c'est proche de la boxe éducative telle qu'on peut la pratiquer avec des enfants.

Il déballe son petit cube de sucre, le plonge dans son déca allongé et l'écrase à coups brefs de petite cuillère. Il est désolé mais non.

— De la boxe pour les enfants… non, je ne pense pas que ça leur convienne… ils ne sont plus si jeunes, mes collaborateurs… on va en rester aux conférences sur les valeurs. C'est important les valeurs, vous pourriez peut-être leur parler de l'égalité homme-femme. Vous, en tant que boxeuse, vous connaissez, ça doit être tellement macho la boxe !

— Oui, ça l'est, mais ce n'est pas pire qu'ailleurs.

Il me laisse sa carte, mais une fois dans ma voiture, je me dis que M. Berthomé ne me rappellera pas. Si ce petit entretien m'a pris deux heures, j'aurai au moins appris quelque chose aujourd'hui : il faut que je parle davantage avec les clients au téléphone avant de les rencontrer. Jeudi prochain, je ferai un petit débrief de ce rendez-vous avec les gens de la Yump Académie.

Dix-sept heures. La puéricultrice m'apprend dans un grand sourire qu'Ayna a fait une sieste de trois heures, ce qui ne me réjouit pas : je sais que dans ces conditions, elle ne s'endormira pas avant vingt-deux ou vingt-trois heures. Ce n'est pas que j'envisage d'aller au lit tôt mais il me reste du travail. Avant de sortir de la crèche, je me dirige vers la salle d'allaitement pour nourrir ma fille. Je me demande si je ne devrais pas arrêter, ça fait six mois maintenant. Mon médecin m'a expliqué que je pouvais allaiter sans problème à condition de le faire avant l'entraînement, qui rend le lait acide. Il n'a pas eu besoin de me le répéter : déjà que j'ai du mal à courir, je ne me vois pas produire un effort avec les seins pleins de lait !

J'installe ma fille dans son siège auto et on file à Aulnay pour la séance du soir. Je me gare devant le pavillon de la mère de Marcel, sors du coffre un grand sac rempli de jouets. Nous montons directement au premier étage, Marcel nous attend en haut de l'escalier, concentré comme toujours. Ayna saute dans les bras de son grand-père qui sans efforts l'élève à deux mètres du sol. J'ai de la chance que mon entraîneur soit aussi mon beau-père, ça simplifie la vie. Mais quand je pousse la porte de la chambre où nous avons installé un banc de musculation pour sportifs du dimanche acheté chez Decathlon, je suis de nouveau prise d'un doute. Je dispose les jouets d'Ayna sur le sol, bois une grande rasade d'eau minérale et sors me changer dans la salle de bains.

Entre la douche et le lavabo, dans cette salle d'eau de vieille dame qui sent bon l'eau de rose, j'enfile mon survêtement en pensant que je devrais laisser tomber. J'entends alors Marcel qui s'impatiente et me rue dans le couloir aussi déterminée qu'une boxeuse qui monte sur le ring pour une finale de championnat du monde. Je m'installe sur le banc de musculation, me place sous la barre. Comme il n'y a pas assez de poids, Marcel appuie dessus.

Je pousse la barre, ma fille joue sur le lino beige aux côtés de son grand-père qui la surveille d'un œil. Le lustre du plafond se balance un peu, c'est bizarre, la fenêtre est fermée pourtant, il n'y a pas de courant d'air. Je n'ai même pas dit bonjour à mémère. Elle est certainement au rez-de-chaussée, somnolant dans le fauteuil qu'on lui a offert pour Noël. Quel âge a-t-elle au juste ? 90, 92 ans ? Je ne sais plus trop. Ayna est bien tranquille. On n'entend que moi qui inspire et expire sous ma barre. Marcel a ajouté un poids. Il ne dit rien, c'est que tout se passe bien. Ce matin, il ne me disait rien non plus alors que je courais mal. Il est peut-être plus patient que moi, il doute moins.

En mai 2012, juste avant mon échec aux qualifications des Jeux olympiques de Londres, j'étais capable de soulever 62 kilos au développé couché. En ce moment, je pousse 35 kilos et ça me semble encore plus difficile. Ce n'est pas à cause de la chambre à la tapisserie démodée ou du lustre qui se balance mais pour des raisons physiologiques que les scientifiques du Team Lagardère pourraient tout à fait analyser s'ils étaient là avec la machine Arielle. Ils pourraient faire des calculs afin d'expliquer pourquoi la grossesse, l'accouchement, l'allaitement et l'arrêt de toute activité sportive pendant plusieurs mois font que j'en suis réduite à pousser des poids de 35 kilos et pas de 62. Moi, je ne peux que le constater, comme Marcel qui sait mieux que quiconque tout cela, lui qui a suivi tous ces événements avec l'émotion d'un membre de la famille.

Je me relève du banc et il me dit simplement : « C'est bien, Sarah, on va pédaler un peu maintenant. » Et c'est comme s'il disait à sa mère, après quelques pas dans le jardin : « C'est bien, maman, on va s'asseoir dans son petit fauteuil maintenant. »

On descend donc dans le garage où se trouve le vélo d'appartement. Comme il n'y a pas de lumière et qu'il ne fait pas trop froid, on ouvre grand la porte du box. J'ai pensé à garer ma voiture devant afin d'en bloquer l'ouverture : il ne faudrait pas qu'Ayna s'échappe à quatre pattes. Marcel s'installe sur une chaise de jardin rouillée – tubes métalliques et toile – comme il ne s'en fait plus, prend sa petite-fille sur ses genoux et me donne le temps.

Marcel ne me parle jamais des Jeux, il lui importe d'abord que je retrouve un semblant de forme physique. On ne sait pas si c'est possible, c'est un pari. Quand je lui dis : « Rio, Rio », il me dit : « Non, ne me parle pas de Rio, on va aller aux championnats de France, gagner les championnats de France et après on verra. »

Au début, quand j'ai pris la décision de reprendre la compétition, j'étais persuadée que je pouvais y arriver. Je me disais : « C'est comme le vélo, ça s'oublie pas », mais au fond je ne sais pas, peut-être que ça s'oublie. J'ai l'impression d'être une fumeuse ou de n'avoir jamais fait de sport, je crache mes poumons comme on dit. Le premier entraînement de boxe après la reprise a été catastrophique : je n'ai même pas pu finir un round de sac et j'y allais pas fort. Je n'ai plus d'endurance musculaire. Plus de jus. Plus rien.

19 h 30 : fin de la séance. Cette fois-ci, on fait un détour par le salon pour dire au revoir à mémère qui regarde « N'oubliez pas les paroles » avec Nagui. Je ne m'attarde pas, je crains d'être bloquée dans les bouchons jusqu'à Villeparisis.

20 h 20. J'ouvre la porte de mon appartement. Ayna pique une grosse colère parce qu'elle a faim. Je lui donne une purée de carottes que j'ai préparée rapidement le matin. Je la change et la laisse s'ébattre sur son tapis de jeu. Comme je pouvais m'y attendre, elle n'a aucune envie de dormir. Francky ne rentrera pas avant vingt-trois heures, son dernier client habite Neuilly. Il est coach de boxe, dispense ses leçons dans toute la banlieue parisienne et passe énormément de temps sur la route.

J'ouvre le courrier, prépare le repas, passe l'aspirateur puis la serpillière dans la salle de séjour, lance une lessive, trie le linge, repasse quelques T-shirts, mange du poulet et de la salade, fais couler le bain d'Ayna, réponds à des e-mails professionnels, fais la vaisselle, couche ma fille en lui faisant écouter le *Concerto pour piano nº 21* de Mozart. C'est fou comme cette musique l'apaise. Elle saisit son doudou orange et s'endort. Je m'installe sur le canapé, mon ordinateur portable sur les genoux, pour travailler à mon projet d'entreprise. Francky rentre enfin.

Dans la cuisine, je m'assois devant lui qui s'apprête à dîner. Il me demande comment s'est passé l'entraînement. Je lui réponds sans rire que je n'ai pas encore retrouvé une forme olympique. Il s'essuie la bouche et, voyant mon air dépité, comme toujours me rassure. Je jette un œil dans le frigo, m'autorise une crème dessert à la chantilly. D'habitude j'évite les sucres rapides mais là je crois que je peux y aller : entre l'allaitement et la reprise du sport, je dois bien dépenser cinq mille calories par jour.

Je retrouve ma place sur le canapé. Cet après-midi, le rendez-vous avec M. Berthomé m'a pris plus de temps que prévu, en conséquence de quoi je n'ai pas terminé le bilan pour *Boxing Beats* que je dois remettre demain. Allez, je déteste les chiffres mais il va bien falloir s'y coller, et tout est si calme dans l'appartement entre minuit et une heure du matin.

Voilà ma journée. Quand je me couche, vers deux heures, je suis tellement épuisée que j'ai l'impression qu'un camion m'est passé sur le corps.

27

Laissez-moi une chance

Après quelques semaines d'entraînement avec Marcel, je décide d'officialiser ma reprise et d'afficher clairement mon ambition de me qualifier pour les JO de Rio. Une réunion est organisée avec les dirigeants de la Fédération et l'entraîneur national Anthony Veniant. Mon annonce les surprend. Personne ne s'attendait à ce que je revienne après mon échec aux qualifications pour les Jeux de Londres, deux ans d'arrêt et une grossesse. Comme je pouvais m'y attendre, le président ne me soutient pas.

— Sarah, au cas où tu ne le saurais pas, il n'y a pas de place en 51 kilos, nous avons déjà deux filles en concurrence pour les JO.

Mais je ne me démonte pas.

— Je serai la troisième alors !

— Ah non, ça c'est impossible. Mais si tu veux, tu peux revenir en 48 kilos, il n'y a personne.

— Mais si je reviens, c'est pour faire les JO, ce n'est pas pour boxer dans une catégorie non olympique !

Le directeur technique national est encore moins engageant.

— Sarah, je sais que tu as toujours été une athlète sérieuse et engagée, mais de là à te qualifier pour les JO… il faut être réaliste, tu n'y arriveras pas ! Tu n'as pas réussi en 2012 alors que tu étais encadrée et prête, alors avec tes deux ans d'arrêt, ça sera trop compliqué. Ce qu'on peut te proposer, c'est de rejoindre le staff et de partager ton expérience pour accompagner ces jeunes filles jusqu'aux Jeux.

Je savais que mon ambition de retenter les Jeux n'enthousiasmerait pas les pontes de la Fédération, mais je ne m'attendais quand même pas à cela. Ce que je réalise, à ce moment-là, dans ce petit bureau de la Fédération, c'est qu'ils me considèrent juste comme finie. Néanmoins, ce qu'ils me disent ne me décourage pas du tout, au contraire. Je suis une contre-attaquante, ils ont dû l'oublier. Dans leurs costumes sombres un peu lâches, ils ne se doutent pas à quel point leur attitude amplifie ma détermination.

— Ah non, ce n'est pas du tout mon projet !

À leur bouche en cul-de-poule, j'ai le sentiment que je commence légèrement à les agacer.

— Bah, si tu veux te planter, fais-le toute seule.

Je sens qu'ils baissent la garde.

— La seule chose que je vous demande, c'est de me laisser une chance. Je ferai les championnats de France dans la catégorie olympique. Si je redeviens numéro un, il faudra compter sur moi !

Seul Anthony Veniant n'a rien dit – je comprends qu'il me soutient. Il m'a entraînée entre 2010 et 2012 et connaît mon potentiel. C'est donc plutôt confiante que je ressors du petit bureau moite.

À partir d'avril 2014, je fais de nouveau partie de l'équipe de France et participe à des stages dits « de regroupement » où je suis mise en concurrence avec les deux autres filles qui boxent comme moi en 51 kilos. Je ne suis pas du tout favorite, elles sont nettement plus jeunes que moi et se préparent depuis 2012 pour les Jeux de Rio.

Le premier tournoi auquel je participe est mixte et a lieu à Istanbul, en Turquie. Il y a des rings pour les hommes et d'autres pour les femmes. Je suis susceptible de rencontrer une des deux Françaises, voire les deux, tout dépend du tirage au sort.

C'est Anthony Veniant qui nous a inscrites à cette compétition parce qu'il a besoin de nous évaluer et surtout de nous comparer. Ça fait deux ans que je n'ai pas pris part à des combats officiels, je ne sais même pas si je suis vraiment capable de les enchaîner. Ma situation est paradoxale : je dois me montrer très sûre de moi afin de convaincre l'entraîneur national et la Fédération que j'ai ma place aux JO et, en même temps, je ne sais pas exactement quel est mon niveau réel. Je ne me suis jamais trouvée dans une telle situation, sauf peut-être quand je suis arrivée au club d'Aubervilliers et qu'il fallait que je fasse mes preuves pour pouvoir boxer alors que je débutais.

Là, c'est presque plus compliqué parce qu'on ne peut plus mettre mon impétuosité sur le compte de la jeunesse. Les jeunes, ce sont mes concurrentes françaises et il m'est inutile de le leur demander pour comprendre qu'elles ne veulent pas de moi. Moi aussi, je détesterais qu'une boxeuse retraitée débarque pour me barrer la route.

Mais je suis là. Les dirigeants de la Fédération ont finalement compris l'intérêt qu'ils pouvaient tirer de ma présence. Mieux vaut être trois en 51 kilos que deux : ça augmente les chances d'une qualification aux JO, et puis la mise en concurrence nous oblige à être sans cesse au maximum. Ils vont me tester sur quelques combats, et si je ne fais pas l'affaire, tant pis, je ne leur aurai pas coûté trop d'énergie ni d'argent vu que, comme d'habitude, je ne suis pas du tout rémunérée.

Ce premier tournoi est donc crucial à tout point de vue. Marcel n'a pas fait le déplacement en Turquie. Je me retrouve seule avec des crampes d'estomac. Je me dis que pour supporter une telle dose de stress, il faut que le désir d'aller à Rio soit énorme. C'est un calcul. Un calcul des plaisirs et des déplaisirs. Ça n'a rien de très original, la vie de chacun est faite de ce type d'évaluation : quelle somme de souffrances suis-je capable d'encaisser en prévision de la joie que j'anticipe ? J'encaisse, j'anticipe, j'encaisse, j'anticipe, mais quand même, alors que je dispose mes bandes sur mes mains dans les vestiaires, je ressens d'épouvantables douleurs au ventre.

À l'échauffement, dans mon short large et mes chaussures montantes, de toutes mes forces je m'impose, je n'ai pas peur du ridicule, moi la vieille boxeuse finie. Quand j'étais petite, c'était pareil, je ne voulais pas rester à ma place, je voulais m'inventer une vie, pas seulement la rêver mais la faire advenir, principe de réalité. Ne pas rester en place, toujours m'activer, en danseuse, jouer des jambes, contraindre les autres à détourner la tête pour qu'ils me voient comme je ne suis pas, comme je pourrais être, comme je vais être, comme je suis. Forcer leur regard. Je ne suis pas qu'une maman allaitante mais une championne de boxe ou les deux, les deux en même temps, tiens, un statut inédit !

Les gens n'aiment pas me voir forcer le destin, peut-être sont-ils jaloux. Ils se disent : « Mais quel culot quand même ! » Ils n'aiment pas me voir jouer des coudes, ne pas tenir en place, prendre celle des autres. Ça les irrite, ce dont je me moque : je dessine ma vie. Le dessin, c'est ma première passion. Si je n'avais pas boxé, j'aurais peint. Comme Van Gogh dont j'avais scotché une reproduction de l'*Autoportrait à l'oreille bandée* sur le mur de ma chambre. Sur mes toiles d'enfant, je n'inventais pas d'autres mondes. Non, je me contentais de peindre mon chat ou un voisin quand il me le demandait, je dessinais ce que je voyais, pas à l'identique, avec un léger excès dans la coloration, si bien que le voisin pouvait se contempler dans mon tableau comme il ne s'était jamais vu, lui-même mais différent, un peu comme si je l'avais maquillé.

Ce jour-là, c'est pareil : je suis moi-même mais différente, je deviens ce que je suis. Pas étonnant que mes métamorphoses me tordent les boyaux.

Mes rivales françaises sont plus jeunes ? Elles sont à l'INSEP ? Elles sont dans la MOP (la mission d'optimisation de la performance, qui a pour objectif d'accompagner les acteurs du sport français dans leur recherche d'excellence, et de les aider à relever les grands défis du sport de haut niveau mondial) ? Et alors, qu'est-ce que ça peut faire ?

Au premier tour du tirage au sort, je tire... une Turque ! Je me dis : « Super, génial, j'ai vraiment pas de chance, moi ! Boxer une Turque en Turquie ! » En plus, il y a pas pire que les Turcs pour magouiller, surtout quand ils organisent un tournoi chez eux. Je suis sûre de perdre, pourtant, étonnamment, ça se passe bien : je gagne. Au deuxième combat, je me retrouve face à une concurrente française, je sais que la Fédération a tout misé sur elle. Ils en ont recruté une deuxième, avant moi, mais c'était juste au cas où. Je sens immédiatement l'hostilité de la fille, en même temps je crois qu'elle se dit que je viens d'arriver et que je n'ai aucune chance de gagner. Il ne faut jamais sous-estimer un adversaire : voilà qu'elle perd.

Troisième combat : je gagne encore ! Je n'ai plus de douleurs abdominales. Je ne déteste plus du tout ce tournoi, bien au contraire, c'est un des plus jouissifs de ma carrière. Je balaie une à une mes concurrentes !

Ça y est, j'ai bien la preuve que je retrouve peu à peu mon niveau ! Je suis sur un petit nuage. J'ai retrouvé le goût de la gagne. Je chantonnerais presque de joie s'il n'était pas temps de monter sur le ring pour la finale, que je perds d'un point contre une Bulgare. Un tout petit point de différence parce qu'elle est championne d'Europe en titre et que dans ce genre de combat très serré, ça ne se fait pas de laisser gagner une anonyme.

Ma rivale française numéro un ayant été éliminée dès le premier tour et la seconde par moi au deuxième, je suis la seule Française sur le podium !

Quand je vous disais, messieurs les dirigeants, qu'il faudrait compter avec moi !

28

Corée

En novembre 2014, je réussis à me qualifier pour les championnats du monde qui se déroulent à Jeju, en Corée. Je suis désormais la seule Française de ma catégorie. Mais je n'ai pas de chance : dès le premier tour, je tombe sur une Brésilienne alors qu'on prépare les Jeux de Rio. Je crains que les juges ne la favorisent. À la fin du troisième round, je suis contente, je sens que je gagne. Dans le coin, lors de la minute de repos, le DTN Kevinn Rabaud m'encourage.

— Génial, super ! Continue comme ça, Sarah !

Mais à la fin du combat, contre toute attente, les juges me déclarent perdante. Je descends du ring les larmes aux yeux, sachant bien qu'une fois encore j'ai été victime d'un vol. Kevinn m'attend.

— Je suis déçu, Sarah, t'as pas fait ce qu'il fallait.

— Tu rigoles ou quoi ? Il y a dix secondes, tu me félicitais !! Tu sais très bien comme moi qu'on m'a volée !

Je lui rentre dedans. Kevinn ne dit rien.

— Tu as peur de quoi ? Tu crois que je vais faire un scandale ? Je connais bien le système, ça fait des années que je suis dans le circuit, je sais très bien que ça changerait rien si j'en faisais un, et puis je vais pas m'amuser à pourrir la compétition des autres, c'est pas mon genre !

Si j'envisageais de me plaindre de ce résultat – ce que je n'envisage absolument pas –, ce sont les Françaises qui en pâtiraient. On peut éventuellement ne pas être d'accord avec un résultat en finale mais, lors d'un premier tour, ça peut être pénalisant pour les boxeuses de la même nation qui combattent après soi.

— Non, c'est pas ça du tout, Sarah, c'est juste que tu as fait des erreurs tactiques.

— T'es vraiment un hypocrite, Kevinn ! Je te crois pas, je suis sûre que tu dis ça parce que tu as peur de ma réaction !

Au moins, je lui dis ce que je pense. Marre des compromis.

Je laisse Kevinn tout pantois dans son survêtement bleu et file dans les vestiaires. Assise sur le banc étroit, je défais les lacets de mes chaussures, songeant que mon avion ne repart que dans quinze jours et que je vais devoir rester en Corée tout ce temps alors que je n'ai qu'une envie : retrouver Francky et ma fille qui m'attendent en jouant aux cubes dans la salle à manger de notre appartement.

Je l'imagine, toute jolie dans son pyjama bleu si loin de moi, si bien que je pleure désormais à chaudes larmes. En fait, mon imagination me joue des tours : il est neuf heures du matin en France quand j'appelle Francky pour lui apprendre la nouvelle de ma défaite. Il n'est pas du tout dans notre salon en train de jouer aux cubes avec Ayna mais dans sa voiture. Il s'est arrêté sur le bas-côté à quelques centaines de mètres de la crèche. Il est debout depuis cinq heures du matin. De sept à huit heures, il a donné un cours de boxe à un particulier à Saint-Germain-en-Laye pendant que ma sœur Lydia gardait notre fille. Il a rendez-vous à dix heures à Neuilly pour donner une leçon en entreprise. Il est dans sa voiture, la tête sur le volant, et se met à son tour à pleurer. Dans son siège auto, Ayna, 16 mois, ne comprend pas.

En réalité, cette défaite ne me décourage pas. Je suis au contraire soulagée d'avoir pu me qualifier à ces championnats du monde. C'est tellement inespéré. J'ai repris il y a à peine un an et je retrouve le niveau !

Dès ma reprise, je savais que je vivrais des moments de doute. Des moments comme celui-ci où je me demande si ça vaut le coup. Si je ne dois pas tout arrêter. Si je ne fais pas une erreur en pensant pouvoir y arriver. Si je ne suis pas une mère égoïste en laissant ma fille pour boxer.

Je fais mon retour sur les rings quelque six mois auparavant, le 12 avril 2014. Je déteste ce premier combat qui en fait est le cent quatre-vingtième. Je me sens mal dans mon corps, mal dans ma boxe. Je suis perdue entre les cordes dans cet espace de seize mètres carrés. Je n'arrive pas à trouver de solutions pour contrer mon adversaire. Je me bats contre moi-même pour tenir pendant ces quatre foutus rounds. Quand l'arbitre lève mon bras à la fin du combat, je comprends que le plaisir de boxer ne reviendra pas tout de suite, qu'il faut que je fasse preuve de patience, de beaucoup de patience. Je sais que durant les mois qui suivront, je penserai chaque jour à tout laisser tomber. Alors, je fais un pacte avec moi-même : je vais m'entraîner et tout donner sans me poser de questions en ignorant les moments de doute, de peur et même les remarques désobligeantes.

Dans un an, le 12 avril 2015, je ferai le bilan.

Puisque je dois rester à Jeju encore deux semaines, autant que ces vacances forcées soient profitables : je prends la décision de suivre attentivement tous les combats de cette compétition. D'abord m'acheter un petit carnet à spirale, ensuite prendre des notes, observer comment se comportent les juges, comment ils prennent leurs décisions afin de bien comprendre ce qui fonctionne chez moi et ce que je peux améliorer. Je ressors des vestiaires fraîche et dispose, une odeur de shampoing à la pomme dans mes cheveux humides.

Au bout de quelques jours d'observation, mon enquête coréenne porte ses fruits : je m'aperçois que j'ai sous-estimé l'impact du comportement de la compétitrice sur la façon dont on l'évalue. À chaque combat très serré, la boxeuse qui l'emporte est souvent celle qui a le plus manifesté son envie de gagner. Étonnamment, je n'avais jamais réfléchi à l'attitude que je devais adopter de la sortie des vestiaires à mon entrée sur le ring. Je pensais que mon rôle de boxeuse commençait une fois que j'enjambais les cordes. C'est seulement à ce moment-là que je montrais ma détermination et mon envie de vaincre.

Je sautillais, j'observais mon adversaire, je faisais quelques rotations du bassin comme pour finaliser mon échauffement. En fendant le public, je n'hésitais pas à sourire à mes supporters, mais je me trompais complètement. Au-delà des qualités techniques et stratégiques, les meilleures boxeuses internationales ont toutes un point commun : elles vous toisent. Quand elles traversent le gymnase, elles vous font sentir que ce sont elles les patronnes. Elles veulent montrer aux juges qu'elles sont déterminées à gagner. En rouge, je note « Attitude » et « Patronne » dans la colonne « À améliorer » de la première page de mon carnet. On n'imagine pas Mohamed Ali monter sur le ring avec l'air benêt d'un Bourvil. Cette dimension théâtrale peut avoir un impact réel sur la décision du combat. Ce rôle de comédien doit commencer dès les coulisses. Et ça, je l'ai largement négligé. C'est sans doute de la psychologie de base mais je n'y avais même jamais pensé.

Désormais je vais jouer la forte et je serai forte.

Pendant deux semaines, j'analyse donc tous les combats, ce qui me permet aussi de mieux appréhender les nouveaux critères d'évaluation. Depuis 2014, la boxe anglaise féminine a changé. Les juges ne la notent plus de la même façon. Pendant des années, j'ai boxé avec ce qu'on appelle la *scoring-machine*. Les juges avaient un boîtier rouge et bleu, couleurs des boxeuses, et chaque fois que l'une d'elles mettait une touche bien nette, elle marquait un point. À la fin du combat, on nous communiquait notre score global (18-21 par exemple).

On est passé à un jugement professionnel non plus global mais round par round. Avant, les compétitrices pouvaient démarrer très fort, mettre plein de coups pendant les deux premiers rounds et courir dans tous les sens afin d'esquiver leur adversaire pendant les deux derniers. La Fédération internationale ayant considéré que ce genre de combats étaient peu palpitants pour le public, elle a préféré noter chaque round. C'est beaucoup plus intense pour les boxeuses qui doivent être offensives du début jusqu'à la fin du combat. Celle qui a une chance de l'emporter est celle qui attaque et qui met le plus de coups. Avant, celle qui gagnait était celle qui touchait le plus sans se faire toucher et cela quelle que soit la manière dont elle le faisait : que ce soit en attaque ou en défense.

Aujourd'hui, les points ne sont plus comptés quand on est en défense. C'est une difficulté pour moi qui suis une contre-attaquante. Je suis très volatile, très mobile, beaucoup sur la défensive, si bien qu'en général je me prends très peu de coups, mais avec les nouveaux critères de jugement, le risque est que je ne marque pas non plus de points.

À partir du moment où c'est la boxe offensive qui est valorisée, il me faut la réapprendre. Je m'y emploie depuis quelques mois avec Marcel, mais l'observation attentive des combats s'avère très précieuse.

Assise dans les gradins du gymnase de Jeju, je note sur mon carnet « Avancer », « Attaquer », « Être toujours dessus ». Pour progresser, il faut que je m'appuie sur mes qualités qui sont la mobilité et la vitesse. Il faut que je m'entraîne à tourner autour de mon adversaire et à taper de tous les côtés sans me prendre de coup et cela toujours en avançant. Donner le rythme, montrer que c'est moi qui occupe le centre du ring, qui domine et qui écrase l'autre.

29

Allemagne

Cette fois-ci, j'ai emmené Marcel !

Il connaît très bien la boxe amateur de haut niveau chez les hommes mais pas chez les femmes. Il faut qu'il se mette à jour. D'abord parce que le temps des combats n'est pas le même : trois rounds de trois minutes pour les uns, quatre rounds de deux minutes pour les autres. Une minute d'écart, ça n'a l'air de rien mais physiquement c'est énorme et ça implique des stratégies différentes. Par ailleurs, les hommes et les femmes n'ont pas les mêmes qualités physiques, on ne les prépare donc pas exactement de la même façon.

Marcel m'accompagne sur un petit tournoi en Allemagne : il doit y avoir environ cent cinquante boxeuses. Il assiste à plusieurs combats et me dit : « Tu es largement capable de faire ce que les meilleures font ! » Et de fait, je passe les tours et me retrouve en finale face à une Russe très forte qui a été championne du monde plusieurs fois dans la catégorie au-dessus et bam, je la bats.

On est en 2015, les qualifications pour les Jeux sont censées avoir lieu quelques semaines plus tard (elles seront finalement repoussées en 2016). Je me dis que c'est génial, que je monte en puissance, que j'y suis presque ! Sauf que… sauf qu'encore une fois, on me vole !

Les Russes ont beaucoup d'influence dans le monde de la boxe, ils investissent beaucoup d'argent dans ce sport et donc ils magouillent. À la fin du combat, on se retrouve dans les vestiaires avec Marcel et là, il explose.

— Sarah, tu te rends compte ! Ça fait cinq jours qu'on est là, cinq jours que tu vois pas ta fille ! Mais à quoi ça sert ? Et ce temps-là, tu le rattraperas jamais, tu m'entends, jamais ! Tu pars en compétition plus de deux semaines par mois, tu ne vois pas Ayna grandir ! C'est pas le coach qui parle là, c'est le beau-père, je m'en fous de la boxe ! Et tu sais quoi ? Ils te laisseront pas passer !

Je ne réponds rien, je sais que ce n'est pas contre moi que Marcel est en colère. C'est la situation qui lui est insupportable parce qu'il ne la maîtrise pas et il enrage.

— C'est quoi leur problème à ces Russes ? C'est un problème d'argent ? C'est ça qu'ils veulent : de l'argent ? Si c'est ça, moi aussi je vais les payer !!

— Mais, Marcel, je crois pas que tu aies plusieurs millions…

Il poursuit comme un fou sans m'entendre :

— Ils veulent pas te laisser passer, on va pas y arriver, j'te dis ! On fait tout ce qu'on peut pourtant. Je vois bien comment tu t'entraînes, ton engagement, je sais maintenant que tu as ta place parmi les meilleures et eux, ils font tout pour te freiner, ils veulent pas te laisser passer ! Il faut arrêter là, c'est bon ! Basta !

— Non, Marcel, je ne veux pas.

Marcel sait mieux que moi que la tricherie fait partie de notre sport, bien qu'on espère toujours ne pas en être les victimes et surtout que ça va s'arrêter. J'essaie tout de même de voir le bon côté des choses. Je viens de battre une des meilleures boxeuses. Je suis prête. J'ai le niveau, et ça, c'est le principal. Marcel ne veut rien entendre. Il sort des vestiaires en claquant la porte.

Une fois rentrée à notre hôtel, j'appelle Francky pour lui demander s'il peut parler à son père. Il réussit à le convaincre que ce n'est pas le moment de craquer. Il y arrive d'autant plus facilement que Marcel me fait de plus en plus confiance. Au bout d'une année et demie d'entraînement quotidien, il croit possible que je me qualifie pour les Jeux. C'est sans doute pour cette raison qu'il est particulièrement remonté.

Ce tournoi en Allemagne constitue finalement pour nous deux une vraie étape dans la préparation des Jeux. Une fois passé le temps de la colère et du découragement, mon beau-père est bien obligé de réfléchir à une nouvelle stratégie. Dans l'avion qui nous ramène en France, après que l'hôtesse de la Lufthansa a déposé un plateau-repas sur nos tablettes, nous en discutons.

— Sarah, il va falloir être encore plus méchante, plus agressive. Il va vraiment falloir détruire l'adversaire pour que les juges n'aient aucune chance de te voler. Chaque coup devra faire encore plus mal, être encore plus tranchant. On va leur montrer de quoi tu es capable, on va vraiment les impressionner et là, ils ne pourront plus rien faire contre toi.

Marcel se sert un verre d'eau pétillante. Je grignote un bout de pain noir.

— Moi, je veux bien tout essayer !

Marcel entame son entrée : rondelles de concombre, quartiers de tomate. Je l'imite.

— Tu as le niveau, Sarah. Tu veux que je te dise, j'en étais pas sûr mais là-bas en Allemagne, j'ai observé les autres filles sur le tournoi, tu as les capacités de les battre toutes, tu m'entends, toutes ! Et puis, c'est pas après toi qu'ils en ont les juges, t'as pas eu de bol, c'est tout, c'est une question de tirage au sort, t'es tombée sur des filles qui étaient soutenues, comme en Corée aux championnats du monde.

— Je sais bien, Marcel, je sais bien !

— N'empêche que ça peut encore t'arriver et qu'il va falloir faire la différence. À partir de maintenant, tu vas frapper en bas, tu vas toucher au foie.

En boxe, les zones de frappe sont le menton, les tempes, le cœur – qu'on ne vise pas trop chez les femmes parce qu'elles portent un plastron – et le foie. Toucher le foie ne fait pas spécialement mal mais cela le fait gonfler et provoque un effet de jambes coupées. Ça ne m'est jamais arrivé mais j'ai déjà vu cet effet chez d'autres. Pendant dix à quinze secondes, les jambes flageolent, puis ça passe. Mais dix à quinze secondes, c'est très long sur un ring, ça laisse largement le temps de neutraliser l'adversaire et de marquer des points.

— Il a l'air très frais ce concombre.

— Oui, et les tomates aussi.

Plus on mange épicé et plus on boit d'alcool, plus on est sensible à un coup dans le foie. Tous les coups sont permis, non ?

Ce que j'aime chez Marcel, c'est qu'il est honnête. Quand il a quelque chose à me dire, il me le dit. Il n'hésite pas à me faire part de ses doutes et, surtout, il est capable de se remettre en question, de modifier ses méthodes de travail si elles ne conviennent plus. Parfois même, il est très dur. À l'entraînement, s'il n'est pas satisfait de ce que je fais, il crie : « Attends, Sarah, tu crois que c'est comme ça que tu vas réussir à te qualifier ? C'est bon, tu peux rentrer chez toi, tu prends tes affaires et tu t'en vas !! » Les Jeux sont dans un peu plus d'un an, c'est exactement le discours qu'il me faut pour que je progresse. À mes débuts, j'ai eu besoin de quelqu'un comme Saïd qui était beaucoup plus optimiste, beaucoup plus encourageant, il m'a donné confiance, il m'a énormément rassurée, j'ai eu besoin de ce temps-là avec lui, mais maintenant c'est différent, je veux de la fermeté.

Marcel et moi levons simultanément nos verres d'eau gazeuse.

— Je vais te dire une chose, Sarah, je suis sûr que si tu te qualifies, tu feras une médaille, tu as le potentiel. Le plus difficile, ça va être la qualif', mais si tu y arrives, tu verras qu'aux Jeux ça va être super. Alors maintenant on va travailler encore plus dur et on ne leur laissera plus aucune possibilité de te voler.

Dans le haut-parleur, une hôtesse annonce qu'il ne reste plus que trente minutes de vol avant notre atterrissage à l'aéroport Paris-Charles-de-Gaulle. Et c'est plus déterminés que jamais que nous dégustons nos crudités.

30

Aubervilliers

J'ai battu mes concurrentes françaises sur des tournois à l'étranger, je les ai battues lors des championnats de France de 2015, mais aux yeux de la Fédération française, ça ne suffit toujours pas. Même si pendant deux ans je leur ai montré que j'étais la meilleure, pour eux c'est le championnat de France 2016 – le dernier avant les JO – qui compte. C'est seulement si je l'emporte qu'ils me sélectionneront pour participer aux qualifications pour les Jeux. Si je perds, en revanche, tout est fini. La pression est donc grande, d'autant plus qu'exceptionnellement ce championnat a lieu chez moi, à Aubervilliers !

Cette compétition à domicile pourrait me mettre en confiance ; c'est plutôt le contraire qui se passe. J'ai l'impression de devoir faire doublement mes preuves : à l'égard de mes sélectionneurs de la Fédération d'abord mais aussi de tous mes supporters qui se trouvent là pour l'occasion. Même si je n'y habite plus depuis longtemps, je suis toujours licenciée à *Boxing Beats* et puis, avec les années et mon titre de championne du monde, je commence à être connue dans ma ville.

La perspective d'une qualification pour les Jeux qui se dérouleront dans moins de quatre mois fait le reste : il y a un monde fou dans la salle omnisports et, ce qui est rare, beaucoup de journalistes. La boxe féminine ne les a jamais beaucoup intéressés jusque-là, sauf en 2012 quand elle a fait son entrée aux Jeux olympiques, mais les choses changent et il semblerait qu'il faille compter avec elle à Rio.

La première fois que j'ai mis des gants de boxe, c'était ici même il y a exactement vingt ans. Je sais que quoi qu'il arrive – défaite à Aubervilliers ou victoire à Rio – l'année 2016 signera l'arrêt définitif de ma carrière. Mais ce n'est pas le moment de se laisser aller à la nostalgie que cette boucle temporelle suscite immanquablement, l'enjeu est trop grand et c'est avec la distance nécessaire que j'accueille les acclamations du public qui rassemble rien de moins que les dizaines de personnes qui ont traversé ma vie depuis mes 14 ans : mes camarades du collège et du lycée Le Corbusier désormais trentenaires, ces enfants devenus grands à qui j'ai appris leurs tables de multiplication dans la mezzanine de *Boxing Beats*, Pierre, Nadine, Marie-Laure et tous mes collègues de l'institut médico-professionnel, les jeunes handicapés aujourd'hui adultes que j'ai initiés à la boxe, et puis des générations d'apprentis boxeurs que j'ai bien connus dans notre salle de boxe ou simplement croisés parce que le club n'a cessé de croître en vingt ans et qu'il m'est impossible d'identifier chacun de ses trois cents adhérents.

Quand je rencontre les regards de Samir, Mourad, Hedi, Nadia, Lydia, ceux de ma mère et de mon père qui peinent à se trouver une place sur les gradins du gymnase, j'ai quand même du mal à contenir mon émotion. Et puis il y a là, tout près, au premier rang, Francky, mon plus indéfectible soutien, et sur ses genoux celle qui a assisté de près aux rudes entraînements auxquels je m'astreins depuis deux ans, celle qui dans son inconscience des enjeux sportifs a été la plus grande de mes supportrices : ma fille.

Ayna, c'est peut-être grâce à toi que, pour la dixième fois, je serai reine de France et que les portes des qualifications s'ouvriront à moi.

Astana, Astana, Astana, Kazakhstan, championnats du monde qualificatifs pour les Jeux, l'étape ultime : si ça ne passe pas là, ça ne passera plus jamais.

— Tu fermes les yeux… deux ou trois grandes respirations… position confortable… quand je te le dirai, on rentrera dans le combat, on rentrera sur le ring et on travaillera contre ton adversaire.

Je ferme les yeux, je me concentre sur la voix chaude et posée d'Éric.

— Quand je te le dirai, tu mettras en place une stratégie… deux ou trois grandes respirations…

Ma nuque, mes épaules, mes bras et tout mon corps se relâchent, je suis parfaitement détendue, simplement concentrée sur une image qui prend forme de plus en plus distinctement au gré des paroles de mon coach.

— Imagine, Sarah, imagine que tu es une tigresse.

Je suis une tigresse puissante et souveraine mais mon grand calme est trompeur : quand je sors des vestiaires en short et débardeur bleus, souriante et déterminée, on ne se doute pas de quelle violence je suis capable, c'est que j'ai bien changé, tu sais, depuis mon échec de 2012 !

— Deux ou trois inspirations profondes et la tigresse attaque ! De toutes ses forces d'animal sauvage, elle bondit sur sa proie.

La tigresse est en moi. De toutes mes forces d'animal sauvage, je bondis sur ma proie.

En 2012, j'ai commis une erreur fatale qui m'a empêchée de me qualifier pour les Jeux de Londres. Obsédée par la performance physique, la technique et la stratégie, j'ai négligé la dimension mentale de mon sport. Je me suis laissé déborder par l'angoisse.

Au même titre que les muscles, les sentiments se façonnent. Il n'y a rien de magique là-dedans. J'ai compté sur mes forces intérieures jusqu'à ce jour fatidique où elles m'ont échappé parce que je n'avais jamais pris le temps de les scruter. Je mettais sur le compte de mon tempérament ma capacité à ne pas m'effondrer, à ne pas être tétanisée par la peur sur un ring ou dans la vie. Mais qu'est-ce que ça veut dire le tempérament ? Cette disposition affective à résister aux chocs ne vaut pas grand-chose si on n'en prend pas conscience et qu'on ne cherche pas à la maîtriser. La preuve : mon beau tempérament m'a lâchée en plein combat comme un dos subitement se bloque alors qu'il nous a toujours supportés.

J'ai rencontré Éric, un peu par hasard, en 2012, lors d'une séance de sophrologie qu'il proposait à l'équipe de France. À l'époque, il était directeur technique national adjoint à la Fédération de boxe, et avait auparavant exercé en tant que préparateur mental pour des personnalités.

En 2014, je l'ai recontacté pour lui demander s'il pouvait être mon coach, il a accepté et, pendant deux ans, on s'est vus au moins deux fois par semaine. Les premiers mois, j'ai surtout fait de la relaxation, j'apprenais à m'apaiser, à gagner en lucidité, c'était très complémentaire de mes entraînements où j'étais tout le temps sous tension. Il m'a aussi appris à ne pas craindre la défaite. J'ai compris que c'est la peur de l'échec qui fait qu'on échoue. Éric m'a enseigné des techniques pour vaincre mes angoisses, et peu à peu je suis parvenue à me dire : « Tout va bien, ce n'est pas la fin du monde si je perds un combat ou un championnat, et même si je ne me qualifie pas pour les Jeux, j'ai une famille et beaucoup d'autres projets. »

Plus j'apprenais à me décontracter, plus je gagnais en agressivité, plus je parvenais à être légère et détachée, plus j'accroissais ma détermination. Un paradoxal dosage en somme. Un art de ne pas épuiser ses forces qui n'est pas du tout dans la culture de la boxe où seuls l'entraînement à la salle et la mise de gants sont censés préparer les athlètes mentalement et physiquement. Sans doute parce que dans ce milieu viril, tout ce qui peut ressembler à de l'introspection n'est pas bien vu. Il y a aussi l'idée que le boxeur n'a pas à se préparer à être fort psychiquement puisque c'est dans l'exercice même de son sport qu'il renforce cette puissance. Je me souviens qu'à mes débuts on me disait : « Si tu t'arrêtes pour réfléchir, tu es fichue. Tu dois boxer d'instinct, comme un animal. Ton corps doit penser et calculer pour toi. Tu t'entraînes pour créer des automatismes.

Ton corps sait ce qu'il doit faire. Il comprend et analyse les informations. Il réagit instinctivement. » Faire de la préparation mentale dans ces conditions, c'était ni plus ni moins dévaloriser la boxe.

C'est pourtant bien avant de monter sur le ring que les plus grands boxeurs se destinent à être des champions. Qu'aurait été un Mohamed Ali s'il avait négligé la dimension mentale de son art ?

31

Kazakhstan

5 mai 2016. Direction Astana pour l'ultime chance de se qualifier aux JO de Rio. Nous sommes soixante-six boxeuses en 51 kilos. Les quatre médaillées seront qualifiées, il faut juste que j'arrive en demi-finale. Je repense aux paroles d'Anthony Veniant, l'entraîneur national : « On va chercher une médaille, ça se fait en seizièmes de finale, en quatre combats, quatre combats, c'est ce qu'on a l'habitude de faire, donc il n'y a pas de problème. »

À peine arrivées à l'hôtel, nous nous glissons dans la queue pour obtenir nos accréditations. Il y a au moins quarante-cinq minutes d'attente. Nous sommes quatre Françaises. Estelle Mossely et Erika Guerrier dans les deux autres catégories olympiques (60 kilos et 75 kilos) et Delphine Mancini en 54 kilos, une catégorie de poids qui n'est pas dans le programme des Jeux.

Je reconnais quelques adversaires potentielles que je salue timidement. Il y a la Canadienne Mandy Bujold, l'Américaine, l'Algérienne ou encore la fameuse Russe que j'ai boxée en Allemagne. Le tirage au sort a lieu trois jours plus tard.

Une fois mon accréditation autour du cou, je monte me changer pour aller faire un footing. Il va me permettre d'éliminer la fatigue du voyage. Ici, il est presque dix-neuf heures. En France, c'est l'heure de la sieste pour Ayna.

Francky va me rejoindre dans la soirée accompagné de son père et de Saïd. Ces qualifications sont déterminantes et j'ai vraiment besoin que tous les trois soient présents. Les JO, c'est notre projet commun. Sans eux, je ne serais jamais arrivée jusque-là.

Je cours sur les trottoirs entre les gratte-ciel. Astana est une ville curieuse. Elle est marquée à la fois par une culture nomade et l'héritage russe. Il y a des quartiers ultramodernes et d'autres très pauvres. J'aperçois au loin la Tour Bayterek avec sa boule d'or au sommet. On ira la visiter à la fin du championnat… enfin, si tout se déroule bien.

Quand nous passons à table, il est vingt-et-une heures mais seulement dix-sept heures en France. Mon organisme ne s'étant pas encore habitué aux quatre heures de décalage horaire, je n'ai pas faim, d'autant que chez moi j'ai l'habitude de dîner très tard. On nous sert du plov, une sorte de riz sauté avec du mouton et des carottes. Ça sent drôlement bon alors je me laisse tenter.

Dans l'ascenseur, de retour dans ma chambre, je croise la boxeuse Australienne de la même catégorie que moi. Nous nous mettons d'accord pour faire du *sparring* le lendemain.

La salle de boxe est à quinze minutes à pied. Sur la route, les conversations avec mes camarades françaises tournent uniquement autour de la qualification olympique. Erika semble très impressionnée par l'équipe anglaise.

— Vous avez vu les Anglaises ce matin au petit-déj ! Elles sont venues avec leurs coachs, des kinés, un psy et même un cameraman et des analystes vidéos !

La force des Anglais, c'est leur obsession du détail. Tout est calculé, mesuré. Rien n'est laissé au hasard. L'encadrement de l'équipe féminine est composé des meilleurs. Leurs équipements sont dernier cri. Nous avons été plusieurs fois en stage dans leur centre d'entraînement et tout y est fait pour performer comme eux disent et nous aussi. Dans la salle de boxe, il y a six rings dont deux des Jeux olympiques de Londres. Il y a des caméras postées dans chaque coin, si bien que, quand on met les gants avec les Anglaises, on s'efforce de modifier un peu sa façon de boxer pour éviter d'être étudiées. Dans les vestiaires, il y a des saunas et des bains froids. Là-bas, j'ai découvert le rituel des bassines d'eau glacée à la fin des grosses séances de boxe. L'objectif est de soulager les mains en les plongeant à plusieurs reprises au fond d'une bassine gelée. Ce n'est pas très high-tech mais il fallait y penser !

Ils ne négligent pas non plus la préparation mentale mais ont une manière bien à eux de la pratiquer qui – différences culturelles obligent – ne fonctionnerait sans doute pas avec des Françaises. Quelques semaines avant de décoller pour le Kazakhstan, les Anglais ont organisé un gros camp d'entraînement où ils ont invité les Allemandes, les Américaines et les Françaises. À la fin d'une séance, un des coachs anglais prend sa boxeuse en leçon. Il accroche sur le mur un grand drapeau aux motifs jaunes sur fond bleu turquoise : celui du Kazakhstan. Il lui demande de balancer un *Jab* et d'enchaîner par une droite. Elle s'exécute. Ça claque fort sur les palettes. Ses coups sont secs et rapides mais elle est tendue. Son buste et ses jambes sont trop raides. Il la traîne face au miroir, lui redresse le cou en appuyant fort sur ses épaules. Et il lui crie à l'oreille « Who is the champ » ? À quoi elle répond doucement « I am the Champ ! » Il crie plus fort. Elle se regarde dans la glace, fronce les sourcils et hurle « I am the Champ » !

Le gymnase dans lequel nous pénétrons est vétuste, il fait office de salle de boxe et de lutte. Je m'échauffe dans mon coin en sautillant doucement puis m'approche d'un sac de frappe rafistolé par des bouts de scotch. Je le taquine doucement en prenant soin de fléchir légèrement les jambes et de rentrer le menton. Anthony me fait un signe de la main pour que je m'approche. Je grimpe sur l'immense ring rouge. Ma *sparring-partner* australienne n'a pas mis de casque, elle préfère boxer tête nue. Nous nous mettons d'accord pour faire quatre rounds ensemble. Nous nous touchons les poings au milieu du ring pour nous saluer.

Le *sparring* est un exercice qui se rapproche du vrai combat. On y travaille la technique, la tactique mais c'est aussi le support d'un travail émotionnel. L'affrontement nous oblige à nous contrôler et à tout maîtriser pour ne pas faire d'erreur. Il faut gérer ses émotions, sa peur, sa colère ou sa frustration. Il faut canaliser sa rage et son agressivité. Car chaque erreur est punie immédiatement. Et bam, l'adversaire pique ! C'est un exercice de comédien où il ne faut jamais montrer si on a peur ou si les coups portés nous font mal. Ne rien laisser paraître. Boxer et construire pour gagner.

Le tirage au sort est tombé. Je boxe en trente-deuxième de finale contre une Vietnamienne. Du fait de mes deux ans d'arrêt, je suis très mal classée, je ne suis que 55e mondiale. À la différence des têtes de séries qui ne rentrent pas tout de suite en compétition afin qu'elles ne s'affrontent pas entre elles, c'est dès le premier jour que je monte sur le ring. Et pour ne rien arranger, je ne connais pas du tout mon adversaire, je n'ai même pas de vidéos d'elle, je n'ai donc aucune information pour réfléchir à une stratégie.

Dans ma chambre, je prépare minutieusement mon sac comme avant chaque combat. Je suis dans le coin bleu donc j'enfile ma tenue bleue. J'enroule mes bandes, rince une nouvelle fois mon protège-dents et le glisse dans sa boîte. Je me place face au miroir. J'enserre chaque mèche de mon épaisse chevelure d'un petit élastique. J'ai pris l'habitude de me les attacher ainsi depuis mon premier combat en 1999. Qu'un cheveu s'échappe du casque et me déconcentre est ma hantise. Dans une heure, le bus part pour la compétition. Je m'installe sur mon lit vêtue de ma tenue de boxe, coiffée et le visage tartiné de vaseline. Je me sers un verre de jus de betterave que je pose sur la table de nuit. Depuis quelques mois – c'est un des enseignements de Marcel – j'en bois un par jour. Ce n'est pas très bon mais je m'habitue. Mon beau-père m'a expliqué que ça faisait baisser la pression artérielle en dilatant les vaisseaux. Le cœur consommant moins d'oxygène pendant l'effort, les muscles fatiguent moins et on est plus endurants.

Il est dix-sept heures, c'est l'heure d'y aller. Dans le bus, je me cale au fond du siège près de la fenêtre. Francky, arrivé la veille, s'assoit à côté de moi. Il comprend très bien que dans ces moments-là, je ne lui parle pas. J'enfonce mes écouteurs dans mes oreilles et me passe pour la dixième fois la bande-son que mon préparateur mental a enregistrée pour moi. Confiance… harmonie physique… harmonie mentale… espoir. C'est ce que me murmurerait Éric s'il était avec moi dans ce bus plein de boxeuses. J'ai l'air impassible mais en fait, je commence à adopter l'attitude d'une gagnante. J'ai répété cette scène des centaines de fois : je ne laisserai pas la moindre chance à mon adversaire.

La tigresse, la tigresse : quand je sors des vestiaires, je fixe mentalement les yeux clairs de l'animal qui depuis plusieurs semaines accompagne chacun de mes combats. Tout me semble démesuré au Kazakhstan, les championnats du monde ont lieu dans un gigantesque complexe sportif avec une patinoire, c'est presque luxueux mais il y fait très froid. Pour rejoindre le ring, je chemine dans les interminables sous-sols de l'édifice, la tigresse à mes côtés. Je passe des sas de contrôle où l'on vérifie mes bandes et mon matériel, je traverse des centaines de mètres de couloirs, je tourne à gauche, à droite puis encore à gauche. J'aperçois mon adversaire. Elle semble faire une bonne tête de plus que moi. Les segments de ses membres me paraissent longs, très longs. On nous place toutes les deux derrière un écran immense sur lequel se découpent nos visages géants. Je continue d'être mobile. Sans regarder ma rivale, je balance mes poings dans le vide. L'écran s'entre-ouvre comme un rideau de théâtre et laisse entrevoir une salle pleine de spectateurs. Je m'avance à l'appel de mon nom. J'expire profondément et m'élance vers la zone de combat quand un tigre géant apparaît. Un tigre blanc prêt à bondir sur sa proie avec ses griffes acérées et ses dents dégoulinantes de sang. Et si c'était une hallucination ? Si la puissance des images produites par mon cerveau était telle que je parvenais, comme dans une salle de cinéma, à les projeter sur le mur qui s'élève face à moi ? Mais non, ce n'est pas une image mentale, c'est juste une fresque géante qui se détache sur la muraille du grand bâtiment. Évidemment, j'ignore que ce tigre blanc est le symbole de l'équipe locale de hockey, les Barys Astana. Sur le moment, je suis persuadée que le fauve veille vraiment sur moi au-dessus du ring, que c'est grâce à lui qu'une hargne inhabituelle m'habite au point que dès le premier round, je fais saigner mon adversaire mais que ça ne m'arrête pas, au contraire : la vue du sang qui se répand sur le visage de ma rivale me rend encore plus agressive. Pendant les quelques minutes qui me séparent de la victoire, je suis comme une bête et c'est triomphalement que je rejoins le staff français en m'exclamant, sans qu'ils ne le comprennent vraiment : « Je crois que j'aime le goût du sang ! »

Je passe facilement les tours jusqu'en quart de finale. C'est le combat fatidique : si je gagne, j'ai mon billet pour les Jeux mais si je perds, tout s'arrête. Mon adversaire est chinoise. Elle, je la connais depuis plus de quinze ans. Elle s'appelle Ren Cancan. Je l'ai déjà battue deux fois mais difficilement parce qu'elle est très forte. Elle a été médaillée aux Jeux de Londres. Cependant j'ai toutes mes chances parce que notre combat n'est pas crucial pour elle. Lors du tournoi continental d'Asie, elle s'est déjà qualifiée pour les JO. Ce qu'elle vient chercher ici, aux championnats du monde d'Astana, c'est une médaille d'or. Juste une médaille d'or, pourrais-je dire tant l'objectif des Jeux me paraît aujourd'hui prioritaire.

Elle est grande et gauchère. Je sais quelle stratégie adopter : il faut que je casse la distance, que je me colle à elle. Droites, crochets, doubles-attaques, triples-attaques. Il faut que je frappe fort, que je me décale sur les côtés, que j'y retourne et que je répète cette tactique constamment. Je sais comment boxent les Chinoises, elles sont très fluides, très félines, c'est très beau, très aérien, elles volent presque sur le ring mais elles ont une faiblesse : elles manquent de puissance. Elles ne savent pas frapper alors que moi je n'ai plus peur de faire mal. Depuis que je la connais, Ren Cancan a toujours boxé de la même manière, je suis certaine qu'elle ne va pas changer sa façon de faire. C'est moi qui suis différente et qui vais la surprendre. Les consignes – les commandements même – tournent en boucle dans ma tête : « Tu lui mets la pression, tu ne la lâches pas, tu es rapide, tu es mobile ! » Je suis dans une bulle, je n'entends plus rien que ma voix intérieure.

Quand je sortirai des vestiaires pour aller jusqu'à la chambre d'appel, je serai rétive à toute sollicitation, je ne serai plus qu'un bloc de glace. Il y aura forcément du monde dans les parages : journalistes, kinés, boxeuses, entraîneurs, cadres de la Fédération. Des gens que je connais ou pas, qui pourraient me sourire, me faire un petit signe de la main, une tape sur l'épaule ou même m'adresser la parole. Je n'écouterai pas leurs inévitables encouragements : « Sois forte Sarah, Courage Sarah, Attention Sarah, c'est le grand jour ! » Je n'ai plus de temps pour la politesse. Autrefois, je prenais ces encouragements au vol, je tolérais qu'ils cheminent dans mon esprit, qu'ils produisent leurs effets inconscients. Aujourd'hui, j'ai décidé de tout maîtriser. Je ne prendrai pas le risque de me laisser déstabiliser par ce genre de remarque : « C'est le combat de ta carrière Sarah ! » Je ne veux pas le savoir.

Ça fait deux ans… que dis-je ? Ça fait vingt ans que je me prépare à ce combat. Physiquement, je suis prête, je peux pousser mon corps à son maximum. Sur les conseils de Marcel, j'ai passé des tests avec Véronique Billat, une chercheuse en physiologie de renommée mondiale qui m'a dit que j'avais une VMA impressionnante ! Techniquement, je sais tout faire. Mentalement, je n'ai jamais été aussi forte. Mais je sais que la peur tapie tout au fond de moi peut ressurgir à l'occasion de… à l'occasion de quoi ? D'une intempestive déconcentration. C'est le seul danger.

La kiné me masse, me passe de l'huile camphrée sur les jambes et les épaules. Je lui fais confiance, pas de risque qu'elle entame la conversation. C'est une femme de la même trempe qu'Éric qui connaît trop bien les vertus de la concentration. Je me laisse envahir par l'odeur du camphre qui a pénétré ma peau : ce parfum si particulier qui annonce les combats.

Le mien est dans quinze minutes. Je retourne faire du *shadow* avec Anthony pour ne pas laisser refroidir mes muscles quand soudain un homme s'approche de nous. C'est l'entraîneur de Taïwan qui nous dit en anglais : « La Chinoise a fait forfait ! » Et boum ! C'est une déflagration ! Une seule phrase et c'est la belle mécanique de la victoire qui se met à dérailler. Je me dis :

« Merde mais qu'est-ce qu'il raconte celui-là ! Merde mais pourquoi il est venu ! Il ne voit pas que je suis concentrée, dans ma bulle, en dehors du monde ! » Sur le moment, je poursuis mon échauffement. Je ne sais pas encore pourquoi mais je suis persuadée qu'il ment, que c'est une ruse, qu'il est juste là pour me déstabiliser. Je ne réfléchis même pas à la logique imparable de ce qu'il annonce : si la Chinoise a fait forfait, je suis médaillée sans avoir à monter sur le ring et ça veut dire que je vais à Rio ! Anthony questionne le Taïwanais qui insiste : « Je vous assure que c'est la vérité ! La Chinoise ne combattra pas, elle s'est blessée. »

Je continue de sautiller, de boxer dans le vide mais c'est déjà trop tard, un doute immense s'est insinué dans mon esprit. Ma détermination en acier trempé est en train de se fissurer. Et s'il disait vrai ?

Si j'avais vraiment gagné ? Je pourrais me contenter de sauter de joie au lieu de me focaliser sur un combat qui n'aura jamais lieu. Je résiste mais je sens bien que mes muscles commencent à se relâcher. Je me sens écartelée entre des injonctions contradictoires : « Continue Sarah, ne t'arrête pas, va chercher ta victoire sur le ring ! Détends-toi Sarah, ne t'épuise pas en vain puisque tu as déjà gagné ! » L'entraîneur repart. Je ne suis pas plus avancée.

Il est temps de faire vérifier mon équipement. C'est obligatoire avant chaque combat et le mien est toujours censé avoir lieu. Avec Anthony, on sort précipitamment des vestiaires, on pique un sprint dans les couloirs. On trouve enfin la personne chargée des vérifications réglementaires. C'est une dame, une Kazakhe sans doute, assise devant une petite table sur laquelle je dépose mes bandages, mes gants de boxe et même mes pinces à cheveux. Anthony lui demande anxieusement si la Chinoise a bien déclaré forfait. La femme feuillette des documents officiels : « Non, moi je n'ai reçu aucun forfait. » Je pourrais hurler de rage. Ah l'enfoiré ! Il l'a fait exprès ! Mais pourquoi il a fait ça, pourquoi il est venu me perturber alors que j'étais si bien ! La femme m'indique que mon équipement est conforme. Je manque d'éclater en sanglots mais il ne me reste plus que cinq minutes avant de monter sur le ring. Je repense à la voix d'Éric, à la tigresse qui veille toujours sur moi et peu à peu je retrouve mon calme. Anthony, qui doit être dans une colère noire lui aussi, ne laisse rien paraître. Alors qu'on retourne une dernière fois dans les vestiaires, il me motive : « Allez Sarah, Allez Sarah, on se remet dedans ! »

C'est l'heure, on vient me chercher. Et c'est reparti : on ressort des vestiaires, on retraverse les interminables couloirs, on longe une nouvelle fois la patinoire pour arriver enfin à la chambre d'appel. Mon adversaire n'est pas là. Ça ne veut rien dire, elle a certainement un peu de retard. Je sautille sur place. Surtout ne pas me refroidir. Les minutes passent, toujours pas de Ren Cancan. Anthony me lance un regard, je le suis. On retourne voir la dame qui a contrôlé mon équipement, on lui redemande si elle a des nouvelles de la Chinoise. Et là, elle nous répond très calmement : « Ah oui, en effet, la Chinoise a déclaré un forfait médical. – Vous êtes sûre ? On veut parler aux responsables de la Fédération, on veut voir son certificat médical, on veut savoir ce qu'elle a ! » La dame nous confirme le forfait médical. La Chinoise ne montera pas sur le ring. La preuve, c'est que l'heure du combat est passée depuis quelques minutes et qu'elle n'est pas venue.

L'attitude de l'entraîneur taïwanais s'éclaire enfin. Pour la première fois en 2016, les boxeuses ont eu la possibilité de se qualifier pour les JO lors de tournois continentaux, ce qui n'a pas été mon cas. Lors du tournoi d'Asie, la Chinoise Cancan Ren a gagné son ticket pour les Jeux en terminant première devant la Taïwanaise.

Mais en 2016 une autre règle est aussi entrée en vigueur : les finalistes de ces tournois remportant une médaille aux Championnats du monde libèrent une place pour les Jeux qui revient aux boxeuses arrivées deuxièmes. C'est un système de repêchage en quelque sorte. Le coach taïwanais avait donc intérêt à ce que Cancan Ren ne déclare pas forfait et qu'elle gagne en quarts contre moi afin de libérer une place aux JO pour sa boxeuse.

Il y a d'abord un moment de stupeur. On se regarde en silence avec Anthony. Je ne réalise pas tout à fait que ce que j'attends depuis vingt ans vient de se réaliser. De se réaliser sans moi. Moi qui n'ai jamais eu de chance dans ma vie de boxeuse, moi qui n'ai dû mes victoires qu'à mon acharnement, c'est un coup du sort qui m'envoie à Rio ! Je le vis comme une réparation des injustices que le monde de la boxe m'a fait subir pendant des années. Subitement tout mon corps se détend. Ce sont bien des larmes qui coulent sur mes joues dans le couloir blanc et glacial du gymnase d'Astana mais elles sont pleines de bonheur et de joie. J'explose, je saute dans les bras d'Anthony qui exulte lui aussi quand un délégué vient me chercher pour un contrôle antidopage. À l'infirmerie, on me demande d'uriner dans un pot mais j'ai tellement transpiré que rien ne vient alors on me fait boire de l'eau. Je savoure ma victoire assise sur un banc, le petit récipient posé à mes côtés.

Quand je retourne dans le gymnase une heure plus tard, il n'y a plus personne, les combats sont finis. Seuls Marcel, Francky et Saïd m'attendent dans le grand hall que je rejoins par des escalators flambant neufs. Je me précipite vers eux. Et, alors que je les embrasse tous les trois, je pense aux dizaines de milliers d'heures passées ensemble à préparer cet instant. C'est une danse rituelle qu'il nous faudrait pour célébrer ce moment puisqu'il est magique, puisqu'il est rare dans une vie d'éprouver une telle condensation du temps.

Deux jours plus tard, c'est la demi-finale. Je suis convaincue que je peux être championne monde. De fait, je fais un combat génial contre la Thaïlandaise. Des enchaînements que j'ai répétés maladroitement pendant des mois avec Marcel sortent miraculeusement sur le ring. Tout s'est libéré en moi. Je n'ai plus besoin de la tigresse à mes côtés puisque le rêve des Jeux devenu réalité me porte comme si j'étais sur un tapis volant. À la fin du combat, je sais que je vais en finale. La salle pleine à craquer crie mon nom Sarah ! Sarah ! Pourtant, je ne rêve pas, ce n'est pas mon bras que l'arbitre lève, c'est celui de mon adversaire. J'ai déjà vécu ça. Je pourrais penser que la répétition d'une scène tragique devient comique, tragi-comique. Mais je ne ris pas, même pas jaune. Pas plus que Dominique Nato, qui commente le combat retransmis en direct sur l'Équipe TV, et qui ne sait plus quoi dire alors qu'une minute auparavant, devant l'évidence de ma victoire sur le ring, il me déclarait gagnante. Le public d'abord en liesse explose de colère, j'entends siffler de tous les côtés. Et moi, encore une fois, je m'effondre devant ce vol hideux. Je pleure de douleur sans m'imaginer que ce sera le dernier.

Je suis dans les vestiaires, encore complètement abattue par la décision des juges, quand M. Jomard, un cadre de la Fédération Internationale vient me voir et me dit : « Je sais bien Sarah que c'est toi qui avais gagné mais l'essentiel, c'est que tu sois qualifiée pour les Jeux ! ». J'ai la gorge tellement serrée que je n'arrive même pas à lui répondre. Lui poursuit : « Tu sais Sarah, tu ne devrais pas trop parler de ce vol sur ton blog, ce n'est pas la peine, ça sert à rien, ce n'est pas bon pour toi… ». Sur le moment, j'ai juste envie de le taper.

Je retourne dans ma chambre bien déterminée à raconter quand même l'épisode du vol sur mon blog mais je me ravise. Jomard a peut-être raison, il faut que je sois stratégique. Les juges qui viennent de me voler seront forcément présents aux Jeux, j'aurai peut-être encore affaire à eux, ce ne serait pas très malin de les dénoncer maintenant. J'aurai tout le temps de le faire après Rio.

Je ne saurai jamais si c'est dans mon intérêt que Jomard est venu me parler dans les vestiaires ou dans celui de la Fédération Internationale dont il était à l'époque directeur de la communication.

32

L'allégresse

453 : c'est le numéro d'identification qui m'a été attribué pour les Jeux, ce chiffre m'accompagnera jusqu'à Rio. Pour me porter chance la veille du départ, Ayna griffonne « 453 » sur mes étiquettes à bagages. Du haut de ses trois ans, elle sélectionne avec soin les plus beaux de ses crayons de couleurs et s'applique, bouche entre-ouverte, à y adjoindre des cœurs et les lettres de son prénom en capitales.

Comme chaque athlète qualifié pour l'Olympiade, j'ai reçu une valise Lacoste – un modèle conçu pour l'occasion – dans laquelle se trouvent toutes les tenues officielles dont celle que je porterai lors de la cérémonie d'ouverture. Cette cérémonie dont je rêve depuis que j'ai dix ans, depuis ces JO de Barcelone que j'ai suivis intégralement avec Samir sur le petit téléviseur du studio où nous vivions alors. Je me voyais déjà dans mon survêtement tout neuf de l'équipe de France pénétrer dans le stade en liesse au côté des milliers de représentants des autres nations arborant leurs costumes traditionnels. Je me voyais déjà adresser des sourires au monde par la grâce technologique de centaines de millions de télévisions. Et Samir, gentiment, se moquait de moi. C'était l'été à Clichy et Barcelone était inaccessible.

J'étale soigneusement sur mon lit la veste bleue, le pantalon et le polo blanc prévus pour monter sur le podium. Je ne les mettrai que si je suis médaillée. Par superstition, je ne les essaie pas. C'est là-bas, de l'autre côté de l'océan, dans cette ville que je ne connais pas, que je me promets de les porter pour la première fois.

Je n'entends pas les pieds potelés d'Ayna fouler la moquette de ma chambre. Quand je m'aperçois de sa présence, elle est déjà là, sur le lit, à quelques centimètres du survêtement flambant neuf qui a autant de valeur à mes yeux que s'il était brodé d'or. Je n'ai pas besoin de le lui dire pour qu'elle le comprenne et c'est délicatement qu'elle passe sa petite main sur le tissu satiné de la veste couleur ciel. Je ne sais pas si elle éprouve de la déception de ne pas être du voyage. Elle ne la manifeste pas en tout cas. Francky viendra, lui, accompagné de mon frère Hedi et de deux amis. Ils ont réussi à se faire héberger dans un orphelinat au pied des favelas. C'est presque à deux heures de bus du village olympique. J'ai hésité mais c'est trop compliqué d'emmener Ayna à Rio. Je n'ai même pas l'argent pour lui payer un billet d'avion. J'ai beau être sélectionnée pour les JO, je n'en suis pas plus riche pour autant. De ce point de vue, rien n'a changé. Depuis 2014, mon salaire a été divisé par deux presque chaque mois du fait de mes nombreuses absences. Quant à Francky, il a été souvent contraint d'annuler ses cours de boxe pour pouvoir garder notre fille. À nous deux, nous ne gagnons guère plus de 1 500 euros. Je n'ai même pas réussi à trouver des sponsors acceptant de se lancer dans l'entreprise. C'est seulement grâce au financement participatif que j'ai lancé en mai 2016 que je suis enfin parvenue à récolter quelques milliers d'euros.

Pendant trois semaines, Ayna restera chez ma mère ce qui n'est pas plus mal. Je ne serais pas rassurée de la savoir prise dans le tumulte de Rio. Je la serre fort dans mes bras comme pour la remercier de m'avoir accompagnée depuis le début dans cette aventure olympique. Je ne sais pas si elle se rend compte qu'elle a été ma force quand c'était difficile, que c'est elle qui m'a obligée à ne jamais renoncer. Je voulais tant qu'elle me voie comme une maman puissante et courageuse. Ayna a très vite compris l'importance que ce projet avait pour moi. C'est comme si intuitivement elle avait su ce que j'avais dans les tripes, ce qui me rongeait et que j'essayais d'expulser. Quand je mettais les gants, elle me disait de sa petite voix, en mimant mes gestes : « Frappe maman, frappe ! Ne t'inquiète pas maman, tu vas y arriver ! »

Longtemps je me suis rongée en pensant que toute cette histoire était peut-être trop égoïste. Je m'en voulais de la traîner à l'entraînement après sa journée de crèche et de lui faire subir mes absences à chaque fois que je m'envolais pour l'étranger. Aujourd'hui encore, je me demande comment elle va vivre mon départ pour Rio et notre séparation. Alors, comme toujours, je lui prépare des enveloppes avec des petits cadeaux : une pour chaque « dodo » : un jouet, un chocolat, une photo de nous et aussi un petit film que j'ai enregistré sur une clé USB où je lui chante des chansons.

Je traîne ma grosse valise teintée de bleu, de blanc et de rouge jusqu'à l'aéroport de Roissy. Ça y est, on y est.

J'ai réussi. Je vais aux Jeux olympiques. En grimpant dans l'Airbus qui nous est réservé, je repense à ce jour d'août 1992 où, allongée sur la moquette grise de l'appartement familial, je regardais la Française Marie-Jo Pérec recevoir sa médaille d'or. Installée dans l'avion pour onze heures de vol, je me glisse au fond de mon fauteuil et déjà j'imagine le village olympique puis je pense à chacune de mes adversaires potentielles, me remémorant leurs points forts, leurs derniers résultats et la moindre de leurs mimiques. J'ai hâte d'y être. Le tirage au sort a lieu dans une semaine. C'est terriblement long.

Des bus chargés d'athlètes stationnent devant le village olympique. C'est la cohue pour s'enregistrer et obtenir ses clés de chambres. Le bâtiment des Français est très bien situé, à deux pas de la salle de boxe. À chaque étage correspond un sport. L'équipe de France de boxe occupe le troisième. Je partage un T3 avec Estelle Mossely. Tony Yoka, son fiancé et champion du monde poids lourd nous retrouvera souvent dans notre salon pour suivre les retransmissions en direct des compétitions sur la chaîne olympique. L'appartement des entraîneurs, John Dovy et Anthony Veniant, est juste en face du nôtre. John est plus qu'un coach, c'est un ami. À partir de mars 2016, il m'a beaucoup aidée pour préparer les Jeux. C'est une grande fierté pour moi de savoir qu'il sera dans mon coin lors de mes combats. C'est comme si j'emportais sur le ring un peu de mon histoire familiale puisque lui-même a été formé par Marcel.

De mon balcon, j'aperçois ceux des Anglais, des Russes, des Marocains et des Canadiens. Tous sont peints aux couleurs des équipes qui les occupent et la simple vue de ces édifices multicolores – symboles des nations du monde – m'emplit de joie.

Je prends très vite mes marques. Deux séances de boxe par jour entrecoupées de soins, de repas et d'une bonne sieste : ma routine pendant une semaine. Je décide de rester dans ma bulle, je ne vais plus sur les réseaux sociaux, j'ai trop peur qu'ils me perturbent. Les journées passent et la pression monte. Au pied du bâtiment France, je croise beaucoup d'autres sportifs. Nous sommes une délégation de 399 athlètes, seuls 42 d'entre nous seront médaillés : 9,5 %.

Francky est logé à l'autre bout de la ville mais on s'appelle tous les jours. Parfois, le soir, il entend des coups de feu dans son quartier mais il se sent quand même en sécurité à l'orphelinat. Il est persuadé que personne ne viendra faire de mal aux enfants avec lesquels il a sympathisé. Francky ne parle pas portugais mais il joue au foot avec eux. On se promet de retourner à Rio un jour. Je prendrai le temps de visiter la ville et de rencontrer ces orphelins. Avec Francky, on s'imagine déjà leur donnant des leçons de boxe comme on le fait avec les jeunes d'Aubervilliers. Pour le moment, je ne sors pas. Il est hors de question que je me laisse distraire en m'aventurant hors du village olympique. Je ne me rends pas compte que la population locale n'a pas forcément un énorme engouement pour les Jeux, qu'assister aux compétitions coûte bien trop cher à la plupart des Cariocas qui n'en ont même pas l'idée parce que, vivant éloignés des sites olympiques, ils ne savent pas tous que les JO se déroulent dans leur ville.

Le 12 août, le tirage au sort a enfin lieu. Je boxe contre la Marocaine Zohra Zahraoui. Je la connais bien, au mois de juin, nous étions en stage ensemble dans le Colorado.

Francky, mon frère et nos amis Mirco et Samuel ont fait deux heures de bus pour me voir boxer. Quand ils m'informent de leur arrivée, je sors directement de ma chambre en tenue de boxe. Comme ils n'ont pas le droit d'accéder au village, on se donne rendez-vous à l'entrée de la salle. On ne se voit que cinq minutes mais c'est très important pour moi. Je les retrouverai dans le public à l'issue du combat avant qu'ils ne reprennent la route pour l'orphelinat.

Zorha est très grande, elle doit bien faire dix ou quinze centimètres de plus que moi. Sur le ring, je m'efforce de casser la distance, de ne pas la laisser travailler. C'est fou de se dire que des centaines de millions de personnes nous regardent mais je suis tellement concentrée que n'y pense pas. Je suis même moins impressionnée que lors de mon tout premier combat à Élancourt. Je ne réalise pas non plus que les coups portés par Zohra et moi ébranlent, par leur exceptionnelle médiatisation, un monde sportif encore très misogyne et, qu'en tant que boxeuses combattant aux JO, nous concourrons, même modestement, à l'histoire de l'émancipation féminine. Il n'est pas si loin le temps où l'on me disait, alors que je montais sur le ring : « Retourne dans ta cuisine ! » C'était il y a vingt ans. Vingt ans pour me faire une place dans un monde d'hommes : pompes, abdos, sac de frappe, serrer les dents, résister, tenir, séance après séance, suivre le rythme des boxeurs compétiteurs, de ces hommes rapides et puissants, de leurs gestes virils, les imiter sans jamais lâcher parce qu'abandonner aurait été terrible, faire comme eux à tout prix pour connaître cette joie de maîtriser le Noble Art, cette joie qui n'a pas de sexe.

Avec mes camarades de l'équipe de France, j'assiste à la finale de Sofiane Oumiha. Il combat contre un Brésilien et logiquement toute la salle est contre lui. Pour Sofiane, c'est très dur mais il est brillant comme toujours. Ce qu'il fait techniquement est magnifique. Quand il descend du podium pour nous retrouver, sa médaille d'argent autour du cou, nous l'acclamons et lui sautons littéralement dessus. On lui crie : « C'est super ce que tu as fait Sofiane ! » Et il nous répond alors que sa médaille de 500 g passe de mains en mains : « Touchez-la, touchez-la et allez en chercher d'autres ! » C'est la première médaille française mais on se jure que ce ne sera pas la dernière. Grâce à Sofiane, qui me fait vivre toutes ses émotions par procuration, je sens concrètement que la victoire est possible.

Le lendemain, comme tous les matins, tous les boxeurs se retrouvent dans la chambre des entraîneurs pour qu'ils nous donnent le programme de la journée. Le moment est solennel : on célèbre Sofiane en punaisant un poster de lui en vice-champion sur le mur. C'est le début d'un rituel. L'équipe décide qu'à chaque médaille une photo du vainqueur sera accrochée. On se promet avec émotion, qu'au bout des 15 jours d'Olympiade, ce sont neuf photos qui tapisseront la chambre.

Dans l'équipe de France, qu'on surnomme « la Team Solide », nous sommes sept hommes et deux filles : Estelle Mossely et moi. On se connaît tous bien, notamment pour avoir fait un stage ensemble aux États-Unis en juin, juste après les qualifications. Mais ce qui nous soude particulièrement, c'est notre désir de ne pas voir se reproduire ce qui s'est passé aux Jeux de Londres en 2012. Aucune fille n'avait été qualifiée, l'équipe de France n'avait remporté aucune médaille. Surtout, on a tous en tête le vol scandaleux dont a été victime Alexis Vastine en quarts de finale. On a tous en mémoire notre ami Alexis qui s'est tué dans un accident d'hélicoptère trois ans plus tard. Remporter le plus possible de médailles à Rio est notre façon de réparer l'injustice qu'il a connue à Londres, c'est notre façon de lui rendre hommage.

Le temps est long entre les combats. Il me faut attendre quatre jours avant de remonter sur le ring. Je dois m'occuper et surtout ne pas me laisser distraire. Dans le village olympique, tout appelle à la fête. Il fait chaud, les restaurants sont ouverts quasiment 24 /24 heures. On y sert des plats du monde entier. Il y a même un MacDo et des distributeurs de sodas tous les 200 mètres et en plus, tout est gratuit. Certains sportifs, comme les judokas, n'en finissent déjà plus de célébrer la fin de leur compétition qui ne dure qu'une journée. En boxe, c'est beaucoup plus long, ça s'étale sur près de dix jours. Mais tout va bien puisque je passe les tours.

Et puis, tous les soirs je retrouve certains de mes camarades de la Team Solide au pôle médical, en bas du bâtiment France. J'ai des problèmes de tendinite au tendon d'Achille alors je prends un bain froid, je passe entre les mains du kiné puis j'enfile une sorte de chaussons qui me soulagent en exerçant des pressions sur mes veines. C'est un moment agréable où je prends des nouvelles des uns et des autres grâce aux kinés qui sont toujours au courant de tout.

Je visionne des vidéos de combat de ma prochaine adversaire Zhaina Shekerbekova. Elle aussi je la connais. Je l'ai boxée début 2016 en Serbie. Elle était très vive, une gauchère très profilée, difficile à toucher mais j'avais gagné.

C'est un combat compliqué : celui des quarts de finale. Nous visons toutes les deux la médaille, ça serait terrible de perdre à cette étape, au pied du podium. Je chasse cette idée et me répète les paroles de mon préparateur mental. Je vais y arriver, je suis la meilleure, je suis rapide, je suis motivée, je sais que j'en suis capable, j'ai confiance ! Je continue de travailler les exercices qu'Éric a préparés pour moi. Il n'a pas fait le déplacement à Rio mais m'a une nouvelle fois laissé des bandes-son que j'écoute en boucle afin de me détendre, de me recentrer et d'évacuer progressivement ce qu'on pourrait appeler mes déchets psychiques. Parmi ces enregistrements, il y a cette chanson « *Simply the Best* » de Tina Turner qui me retourne complètement. Dès que je l'écoute, je suis prise de frissons, j'ai subitement envie d'en découdre, de vaincre, de me dépasser et de tout faire pour vivre les moments les plus intenses de ma vie sur le ring brésilien.

Pendant le combat, quelque part dans les entrelacs de mon cerveau « *Simply the Best* » est avec moi, elle a remplacé le tigre Kazakh, je n'ai pas besoin de la fredonner, ni même de m'en remémorer les paroles puisque sa mélodie coule dans mes veines. Je sens que mon adversaire est tendue, nous savons toutes les deux qu'à l'issue de ces quatre rounds, une seule sera sur le podium. Mais je me sens bien, l'esprit libéré. Ma stratégie est claire : la prendre de vitesse et contre-attaquer en restant vive et mobile.

Premier round, 10-9 pour moi. Je ne change rien à ma tactique. Je me sens si bien que j'aimerais que ce combat dure plus longtemps mais il est déjà terminé. Je gagne largement, c'est fabuleux. J'explose de joie. Je suis en demi-finale des Jeux olympiques ! Je suis d'ores et déjà assurée de remporter une médaille ! Qui aurait pu le croire il y a seulement quelques mois ! Soudain me revient mon premier combat de reprise à Aubervilliers le 12 avril 2014. Ayna n'avait pas un an. Ça faisait seulement trois mois que j'avais repris l'entraînement. Trois mois durant lesquels j'ai dû me réapproprier mon corps. Un corps diminué physiquement par la grossesse et les deux ans d'arrêt. Je me souviens de mes premières séances. Il m'était impossible de finir un round au sac. J'étais épuisée. J'avais l'impression de ne jamais avoir fait de sport. J'avais tout perdu. C'est Marcel qui m'a remise sur pied. Nous allions nous échauffer au parc un jour sur deux. Il me demandait de courir une minute et de marcher une minute, et ça pendant une heure. Quand j'annonçais que je reprenais la boxe pour tenter la qualification aux JO de Rio, on me prenait pour une folle. Combien de fois ai-je entendu : « Mais tu n'as rien à prouver, tu as été une grande championne » ou encore « Ça sera un double échec : sportif et professionnel ». Très souvent, j'ai vu dans le regard de mes amis, de mes collègues ou dans ceux de personnes que je côtoyais, un sentiment de peur. Certains craignaient sincèrement que j'accuse un nouvel échec. D'autres avaient peur car mon projet les mettait face à leurs propres défaites ou au manque de courage dont ils avaient pu faire preuve à un moment donné de leur vie. C'était curieux. C'était comme si je n'avais pas le droit d'y arriver car eux n'avaient pas osé se lancer. Mais s'étaient-ils vraiment engagés ? Dans le monde du sport, on entend de nombreux sportifs dire qu'ils rêvent d'aller aux JO. Mais pour viser un projet aussi ambitieux, il faut prendre des décisions exceptionnelles. Il faut être capable de changer de vie.

J'entre dans le vestiaire. C'est la dernière fois que j'applique de la vaseline sur mon visage, que je lace mes chaussures, que j'enroule mes bandes autour de mes mains que j'enfile mes gants de boxe. J'essaie tellement de m'imprégner de chacun de ces gestes devenus si familiers, je m'efforce tant de les mémoriser qu'ils m'apparaissent sous un jour nouveau et c'est un peu comme si je les accomplissais pour la première fois.

C'est aussi la dernière fois que je vis ce moment, celui où l'on se demande pourquoi on boxe, pourquoi on accepte d'affronter un inconnu, de risquer de prendre des coups, de se faire humilier. Mais c'est aussi l'instant où je me dis : « Ça y est, j'y suis ! » Des mois, non, plutôt des années que j'attends ça. J'ai toujours pensé que le ring était un sérum de vérité. Il a été pour moi l'occasion d'apprendre à me connaître, de voir ce que j'avais dans le bide parce que sur un ring, on ne peut pas tricher. On est seul face à soi-même. L'autre n'est qu'un support pour nous aider à nous dépasser, à atteindre nos objectifs. Allez ! Je me lance pour mon dernier combat.

Et quel combat ! Je n'aurais pas pu imaginer une meilleure fin de carrière. J'ai une boule au ventre car je sais que plus jamais je n'enjamberai les cordes du ring. J'ai toujours aimé la belle boxe. Et aujourd'hui, j'ai envie de donner le meilleur de moi-même. Je veux faire de chaque instant, un instant de plaisir. Le plaisir de mettre en place une stratégie, de trouver les failles chez mon adversaire, de lire ses émotions et son jeu.

On m'appelle. Je suis prête pour les quatre derniers rounds de ma vie. À la fin du combat, je suis en paix. Je n'ai pas eu ma Marseillaise mais je suis allée au bout de mon rêve.

Je me suis levée chaque matin avec l'envie d'aller aux Jeux olympiques. J'ai eu la chance d'avoir une passion. Elle m'a guidée pendant vingt ans. Quand je monte sur le podium, je pleure pour la première fois en public, moi qui suis si réservée et pudique. Je suis prise par tellement d'émotions. J'éprouve la joie d'avoir été au bout et d'avoir décroché une médaille d'argent mêlée à la nostalgie qui déjà m'envahit puisque tout est fini.

Maintenant que j'ai réussi, que va-t-il se passer ? Demain matin, quand je vais me réveiller, qu'est-ce qui pourra me motiver autant que tout ça ? Heureusement, j'ai plein de projets : ma famille, ma salle de boxe, mon entreprise et tous mes engagements.

Et puis, je me sens tellement plus forte désormais. J'ai le sentiment que tout est possible.

À peine suis-je descendue du podium que déjà je suis happée par l'effervescence qui accompagne les médaillés. J'enchaîne les interviews : télés françaises, télés internationales, radios françaises, radios internationales, presse écrite. Mais le temps passe. Où est Francky ? Il faut absolument que je le voie ! Il m'avait dit qu'il m'attendrait à l'extérieur du bâtiment, il y est certainement déjà ! Vite, vite, il faut que je me dépêche de le retrouver sinon il risque de rater son avion pour Paris ! Une jeune femme m'invite à la suivre pour un contrôle antidopage. Je ne l'écoute même pas, me précipite vers la sortie, me faufile comme je peux parmi les spectateurs qui cherchent à m'alpaguer. La jeune brésilienne se met à me courir après mais rien ne m'arrête, je n'ai qu'une idée en tête : rejoindre Francky ! Je finis par la semer, réussis à passer les zones de contrôle et je le vois enfin ! J'ai juste le temps de lui sauter au cou et de l'embrasser. Il monte déjà dans le taxi qui le conduit à l'aéroport. La Brésilienne, qui a dû penser que j'essayais d'échapper au contrôle, arrive en catastrophe. Mais en voyant Francky me faire des grands signes par la fenêtre ouverte du taxi qui s'éloigne, elle comprend.

Au bout d'une heure d'analyses qui débouchent sur un résultat logiquement négatif puisque je ne me dope pas, on me libère. J'ai juste le temps de me pomponner avant mon rendez-vous au Club de France pour la célébration individuelle. Sarah Ourahmoune ! On m'appelle sur scène, je fais un petit discours sous une pluie de paillettes devant un public de fans français et donne de nouveau quelques interviews. À partir de là, ça ne s'arrêtera plus, ma victoire aux JO n'en finira pas d'être célébrée, fêtée, questionnée. Elle donnera lieu à des centaines de demandes d'entretiens, de rencontres, de conférences en France et à l'étranger. Mais toute à ma joie d'avoir réalisé mon rêve, je ne me doute pas encore qu'il va changer ma vie.

Quelques jours plus tard, toute l'équipe de France a terminé les Jeux. Sur neuf boxeurs six ont fini médaillés, c'est un résultat exceptionnel qui dépasse toutes nos espérances !

À mon arrivée à l'aéroport Paris Charles-de-Gaulle, je suis émue. Par le tapis rouge qui a été déroulé spécialement pour l'équipe olympique. Par les flashs des photographes qui crépitent. Par la foule d'anonymes qui se presse contre les barrières métalliques. Par tous ces inconnus qui cherchent à me parler, à me prendre dans leurs bras et qui pleurent de joie. Je suis émue par cette enfant d'à peine cinq ans, accompagnée par sa maman qui me dit d'une petite voix : « Ma fille vous adore, elle voudrait devenir une Sarah ».

Remerciements

Merci…

Merci à tous ceux qui m'ont inspirée, guidée, soutenue.

Merci à tous ceux qui ont supporté ma folle envie de changer le monde et qui continuent à me suivre dans mes projets les plus fous.

Merci à ma famille, à mes amis, à mes anges gardiens et à tous les hommes et les femmes qui m'ont permis de trouver mon chemin pour atteindre mon sommet, mon rêve de Jeux, mon rêve d'enfant.

Merci pour vos mots,

Merci pour votre temps,

Merci pour votre amour ou votre amitié,

Merci pour votre bienveillance.

Vous m'avez aidée à trouver le bonheur.

Je suis en paix avec moi-même. Je suis en paix avec la vie.

Table

Composition réalisée
par Rosa Beaumont

Imprimé en France par CPI
en mars 2019

FSC
www.fsc.org
MIXTE
Papier issu de
sources responsables
FSC® C003309

L'Éditeur de cet ouvrage s'engage
pour la préservation de l'environnement
et utilise du papier issu de forêts gérées de manière responsable.

N° d'édition : 58395/01
N° d'impression : 151372